伊犁师范大学学术著作出版基金资助
伊犁师范大学中国新疆与周边国家合作发展研究中心资助
伊犁师范大学伊犁州知识产权培训基地资助
伊犁师范大学“一带一路”发展研究院资助

管理学学术前沿书系

XINSHIDAI CHANYE ZHUANYI JISHU JINBU CHENGSHIHUA YU CUJIN NONGMINGONG JIUYE

# 新时代产业转移、技术进步、城市化与促进农民工就业

汪存华 等 著

经济日报出版社

# 序　言

自改革开放以来，我国经济实现了近四十年的持续快速发展，北京、天津和河北三省市经济增长尤为迅速，一举成为中国北方地区重要的经济增长极。但是，在经济稳步增长的同时，京津冀地区也聚集了大量的钢铁、水泥、平板玻璃等低端产业，不仅给区域生态环境造成了严重污染，而且大量低端产能的增加造成了产业的过度竞争，影响了产业的升级和结构的优化。近年来，为了彻底扭转京津冀地区的环境污染问题和化解国内的低端、过剩产能，各级政府制定了一系列政策措施，通过推进产业结构调整、技术进步和城市化，坚决淘汰低端落后产能、稳步化解过剩产能，推动产业结构的优化升级。然而，大量高污染、高能耗、低技术含量企业的关、停、并、转，对改善生态环境、推动技术进步、加速城市化进程以及产业结构调整都具有十分重要而深远的意义，但同时也会给广大农民工造成失业增加、收入减少等一系列问题。河北省人力资源和社会保障厅提供的数据显示，2017 年河北省化解过剩产能涉及的职工达到 54.7 万人，其中钢铁领域涉及 42.6 万人、水泥领域涉及 6.5 万人、平板玻璃领域涉及 5.6 万人。而在受到冲击的职工群体中，首先受到影响的是外地农民工，其次是本地农民工，最后才会涉及本地城镇职工。通过调查研究发现，受影响的职工大都具有平均年龄偏大、文化水平较低、职工工龄较长等 3 个典型特征，应对各种风险的能力较弱。目前，我国农民工群体的人数已经达到了 2.87 亿人，背后所涉及的家庭人口超过 6 亿以上，属于一个庞大的社会群体，对我国制造业竞争优势、劳动就业和社会稳定都具有十分重要的意义。产业转移、技术进步和城市化将在很大程度上对农民工的工作生活状态产生深刻印象，如果处理不好很可能会引发巨大的社会矛盾，影响经济社会发展稳定，甚至关系到我国改革开放的成败。为此，本文从产业转移、技术进步、城市化与农民工就业的相关理论出发，结合对河北唐山、邯郸、廊坊、保定等地区开展的调查研究，分析了产业转移、技术进步以及城市化对农民工就业的影响，并在此基础上结合当前国内外产业发展的趋势提出了积极做大产业规模、稳步推进技术进步、引导产业有序转移、推进城市化进程等政策建议，从而将产业转移、技术进步和城市化对农民工就业、生活所产生的影响降到最低，并通过建立完善的社会保障体系，促进农民工就业，提升广大农民工的生活水平。

本书编写的内容主要包括六大章节，第一章、第二章、第三章、第四章、第六章由汪存华编写，第五章由白玛雍珍、沙娅编写。

本书部分见解或有疏漏之处，敬请广大读者提出批评和建议。

本书获得伊犁师范大学学术出版基金，伊犁师范大学研究中国新疆与周边国家合作发展研究中心课题《中哈霍尔果斯国际边境合作中心创新发展战略研究》（项目编号：2018ZBGJZD001）与伊犁师范大学“一带一路”发展研究院课题《“一带一路”背景下人民币国际化对策研究，项目编号：YDYL2019ZD004》项目的资助，在此一并表示感谢。

汪存华 于北京西城

2020 年 4 月

# 前言

改革开放以来，河北省经济得到持续快速发展，地区生产总值规模较大，多年来排在全国前十位，但产业结构总体处于较低水平，具有典型的高污染、高能耗、低附加值特征。以钢铁产业为例，根据《世界钢铁统计数据》，2013年全球粗钢总产量为16.5亿吨[①]，其中作为中国第一产钢大省的河北省粗钢产量占全球粗钢产量的11.6%，远远超过了世界第二产钢大国日本，比欧盟27国总的粗钢产量还要高。河北地区大量聚集的低端产业不仅给京津冀地区的生态环境造成了严重污染，在北京周边形成了“环首都污染带”，而且大量低端产能的增加造成了产业的过度竞争，阻碍了产业的升级和结构的优化。2016年7月17日，中华人民共和国环境保护部公布的空气质量最差的10个城市中，河北省占了6个，分别是保定、邢台、邯郸、唐山、衡水和石家庄[②]。为了彻底扭转京津冀地区的环境污染问题，党中央国务院出台了一系列政策措施，通过推进产业结构调整、技术进步和城市化不断淘汰低端、落后产能，推动产业结构的优化升级。2016年，时任河北省省长张庆伟明确提出，河北省已经制定了详细的方案，将在未来5年内关停60%的钢铁企业[③]。大量污染严重企业的关停、低端落后产能的技术升级与城市化相互联系，对改善生态环境、促进产业结构调整和重塑产业竞争优势具有十分重要的意义，但同时也会给广大农民工造成失业、收入减少等一系列问题。河北省人力资源和社会保障厅提供的数据显示，2017年河北省化解产能过剩涉及54.7万职工，其中钢铁行业涉及42.6万人、水泥行业涉及6.5万人、平板玻璃行业涉及5.6万人[④]。而受到冲击的首先是外地农民工，其次是本地农民工，最后才会涉及本地城镇职工。根据对河北省唐山市和邯郸市的调查发现，受影响的

---

① 世界钢铁协会，世界钢铁统计年鉴2014，2014年11月6日。

② 环保部发布74城市空气质量"最差十城"河北占6位，澎湃新闻网，2016年11月14日。

③ 河北省省长张庆伟：5年内关停整合60%钢铁企业，环球网财经，2016年3月12日。

④ 河北产能过剩引发下岗潮 到2017年需裁员55万，人民日报，2015年11月10日。

职工主要呈现以下3方面特征：一是平均年龄偏大。受影响的职工中，老职工所占的比重较高，其中40岁以上的占受调查企业的45%，这部分职工大都属于劳动力市场上的弱势群体。二是职工文化水平较低。这部分工人中，中学及以下学历的占70%，所掌握的职业技能较为单一，通过技术培训实现转换工作和调整专业存在较大的难度。三是职工工龄较长。涉及压减产能的企业主要集中在钢铁、建材等传统行业，职工大多在企业服务多年，工龄都比较长。通过调查发现，在受影响的职工中，具有10年以上工龄的职工占全部职工的40%以上，而工龄越长，职工转岗就业的难度越大。与此同时，企业大量关停和技术进步之后，劳动力需求将迅速减少，而且会伴随着政府财政收入的随之减少，使得地方政府在安置下岗的农民工方面面临着巨大的财政困难，难以为他们提供必要的社会保障。由此可见，产业转移、技术进步和城市化可能给农民工带来巨大的影响，如果处理不好将造成巨大的社会矛盾，成为社会不稳定因素，甚至关系到全面建成小康社会目标的实现。为此，本书以河北为例，分析了产业转移、技术进步和城市化对农民工产生的影响，并在此基础上结合当前国内外产业发展的趋势提出了稳步推进产业转型升级、改善农民工的就业环境、完善农民工社会保障制度、推进农民工市民化进程等政策建议，从而使产业转移、技术进步和城市化成为改善农民工就业质量、提升农民工收入水平的动力。

# 摘 要

改革开放四十年以来，我国经济实现了持续快速发展，北京、天津和河北三省市经济增长尤为迅速，成为我国北方地区重要的经济增长极。但是，在经济稳步增长的同时，京津冀地区也聚集了大量的钢铁、水泥、平板玻璃等低端产业，不仅给区域生态环境造成了严重污染，而且大量低端产能的增加造成了产业的过度竞争，影响了产业的升级和结构的优化。近年来，为了彻底扭转京津冀地区的环境污染问题和化解国内的低端、过剩产能，各级政府制定了一系列政策措施，通过推进产业结构调整、技术进步和城市化，坚决淘汰低端落后产能、稳步化解过剩产能，推动产业结构的优化升级。大量高污染、高能耗、低技术含量企业的关、停、并、转，对改善生态环境、推动技术进步、加速城市化进程以及产业结构调整都具有十分重要而深远的意义，但同时也会给广大农民工造成失业增加、收入减少等一系列问题。河北省人力资源和社会保障厅提供的数据显示，2017 年河北省化解过剩产能涉及的职工达到 54.7 万人，其中钢铁领域涉及 42.6 万人、水泥领域涉及 6.5 万人、平板玻璃领域涉及 5.6 万人。而在受到冲击的职工群体中，首先受到影响的是外地农民工，其次是本地农民工，最后才会涉及本地城镇职工。通过调查研究发现，受影响的职工大都具有平均年龄偏大、文化水平较低、职工工龄较长等 3 个典型特征，应对各种风险的能力较弱。目前，我国农民工群体的人数已经达到了 2.87 亿，背后所涉及的家庭人口超过 6 亿以上，属于一个庞大的社会群体，对我国制造业竞争优势、劳动就业和社会稳定都具有十分重要的意义。产业转移、技术进步和城市化将在很大程度上对农民工的工作生活状态产生深刻印象，如果处理不好很可能会引发巨大的社会矛盾，影响经济社会发展稳定，甚至关系到我国改革开放的成败。为此，本文从产业转移、技术进步、城市化与农民工就业的相关理论出发，结合对河北唐山、邯郸、廊坊、保定等地区开展的调查研究，分析了产业转移、技术进步以及城市化对农民工就业的影响，并在此基础上结合当前国内外产业发展的趋势提出了积极做大产业规模、稳步推进技术进步、引导产业有序转移、推进城市化进程等政策建议，从而将产业转移、技术进步和城市化对农民工就业、生活所产生的影响降到最低，并通过建立完善的社会保障体系，促进农民工就业，提升广大农民工的生活水平。

**关键词：** 产业转移；技术进步；城市化；农民工；京津冀

# 目　录

CONTENTS

# 第一章
# 农民工就业的相关概念

# 一、农民工就业的基本情况

## （一）农民工群体的概念

1. 农民工的概念

农民工，顾名思义，就是在城市和城镇二、三产业就业的农民，是改革开放以来随着制造业和现代服务业的兴起而逐渐形成的一个社会群体，是指在本地乡镇企业或者进入城镇务工的农业户口人员。农民工群体的出现与我国城乡二元结构体制具有紧密联系，是我国在特殊的历史时期出现的一个特殊的社会群体。

目前，从农民工的概念来看，农民工有广义和狭义之分：狭义的农民工是指外出进入城镇从事制造业和服务业的“离土又离乡”的农村劳动力，每年绝大部分时间都在城市工作和生活；广义的农民工除了包括上述的狭义农民工以外，还包括在本地乡镇企业就业的“离土不离乡”的农村剩余劳动力，这部分农民工农忙时节可以在家从事农业生产，农闲时节进入城镇打工。根据有关部门的调查统计，我国狭义农民工的数量为 1.2 亿人左右，广义农民工的数量大约在 2 亿人以上。根据人力资源和社会保障部的统计数据，2017 年全国农民工的总量已经达到了 2.87 亿人，比 2012 年增加了 2391 万人，年均增长 480 万人，年均增长速度达到了 1.8%。与此同时，全国户籍人口城镇化率不断提升，由 2012 年的 35.3% 增长到 2017 年的 42.35%，相当于过去五年间有8000多万农业人口转移成为城镇居民①。由此可以看出，农民工已经成为一个庞大的社会群体，是新增城市居民的重要来源，也是未来推进我国城市化进程的重要动力。

① 人力资源和社会保障部：2017 年全国农民工总量达到 2.87 亿人，央广网，2018 年 4 月 13 日。

2. 农民工的分类

由于农民工长期生活在城镇和城市，并以从事制造业和服务业为主，因此从其职业身份来讲，属于工人，但由于农民工主要来自农村，户籍身份仍然是农民。现阶段，农民工群体之间的界限相对比较模糊，经常处于职业转换的状态，但根据他们所从事的职业大致可以分为以下四类：

一是城市建筑工人。这部分农民工分布在城市地产、道路交通、水利设施等建设工地，是城市基础设施建设、房屋建筑业发展的骨干力量，就业环境普遍比较差，工作具有脏、累、重、险等特点。由于这部分农民工大都居住在建筑工地的工棚或集体宿舍，消费节俭、朴素、简单，工作、生活单调枯燥，与城市的经济、社会的联系简单，与城市居民的交流较少，双方缺少互动和交往的条件。长期以来，由于这部分农民工流动性强，在社会保障、医疗、教育等方面的需求难以得到满足，因此城市为其付出的管理成本较小，从他们身上得到的回报远远大于付出。

二是制造业产业工人。这部分农民工的数量最大，主要集中在广东、浙江、福建、上海、江苏等东部沿海省市，就业领域以纺织、服装、玩具、电子、家具、陶瓷、灯具等劳动密集型制造业为主，这部分农民工是我国产业工人的重要组成部分。改革开放四十多年以来，我国产业工人的规模迅速增长，而且以其低成本、高强度、高质量的工作为我国制造业在国际市场形成竞争优势创造了条件，因此从事制造业的农民工是我国成为“世界工厂”的重要要素之一。但是，尽管这部分农民工基本上都是在城市打工，但由于受收入水平、户口政策等方面限制，导致他们很难融入城市生活。

三是服务行业工作人员。这部分农民工的就业领域主要包括商业批发零售、餐饮服务、物流配送、物业保安、城市环卫、运输仓储、家政服务等城市基础服务行业。与第二类农民工群体不同的是，他们或者受雇于某一机构和个人，或是有固定营业场所、一定收入来源的自主经营者，工作环境较前两个群体要好，但生活条件和生活环境也比较差。这部分农民工中许多人已经长期在城市工作和生活，与城市居民具有接触和交流的机会，已是城市社区和企业较为稳定的成员，许多人已经成长为业务员、管理者和专业人士，是新增城市居民的重要来源。

四是自主创业就业人员。城市的发展和运营为农民工创造了大量的创业就业机会，从而形成了自主创业就业的农民工群体，这部分农民工主要包括在城市从事零工的自主就业者，如流动商贩、房屋装修人员、拾荒者等。从调研情况来看，这部分农民工一般住在“城中村”或者城郊农村，在城市中通过创业和自主就业获取基本生活来源，绝大部分在城市中没有医疗、养老等社会保障。这部分农民工从事的非正规职业是我国农民工进城就业的重要模式，不仅对农民工完成物质资本和人力资本积累具有重要作用，而且对降低城市居民的生活成本和提升市民生活的便利性都具有十分重要的意义。

改革开放四十多年来，我国城市农民工群体得到不断发展壮大，极大地促进了城市化、产业化和现代化进程，但也给城市的社会治安、卫生管理、社会保障带来了一些新问题，这些将在后面进行详细分析。

3. 农民工的构成

经过四十多年的改革开放，农民工已经成长为一个庞大的社会群体，成为我国产业发展、城市化的重要推动力量。目前，农民工群体在性别结构、年龄分布、文化程度、职业技能方面已经形成了鲜明的特征。

一是城市农民工以男性为主，就业农民工男女比例相差较大。在农民工的性别结构方面，由于城市对农民工的需求主要在于建筑业和制造业，而这两大产业对体力劳动的要求较高，因此用人单位更倾向于招收男性农民工。通过对农民工性别构成的统计调查发现，目前我国外出务工的农民以男性为主，男性农民工所占的比例达到 66.4%，女性仅占 33.6%，城市就业农民工的男女比例大约为 2：1，外出务工农民以男性为主也造成了许多农村地方出现了大量的留守妇女以及农村劳动力的空心化。

二是农民工以青壮年为主，但年轻农民工的比重呈逐年下降的趋势。根据国家统计局发布的《2017 年农民工监测调查报告》，我国农民工整体上较为年轻，其中 16–20 岁的农民工占外出务工农民总数的 2.6%，21–30 岁的占 27.3%，31–40 岁的占 22.5%，41–50 岁的占 26.3%，50 岁以上的农民工占 21.3%。但是，近年来随着我国人口结构的变化，我国农民工的年龄结构也正在发生变化。根据调查资料显示，40 岁以下农民工所占比重呈逐年下降的趋势，由 2008 年的 70% 下降到 2017 年的 47.6%，农民工的平均年龄也由 34 岁上升到 39.7 岁，每年平均上升 0.6 岁。（详见表 1.1）

表 1.1　农民工年龄结构比例

| | 2013 | 2014 | 2015 | 2016 | 2017 |
|---|---|---|---|---|---|
| 16–20 岁 | 4.7% | 3.5% | 3.7% | 3.3% | 2.6% |
| 21–30 岁 | 30.8% | 30.2% | 29.2% | 28.6% | 27.3% |
| 31–40 岁 | 22.9% | 22.8% | 22.3% | 22.0% | 22.5% |
| 41–50 岁 | 26.4% | 26.4% | 26.9% | 27.0% | 26.3% |
| 50 岁以上 | 15.2% | 17.1% | 17.9% | 19.1% | 21.3% |

资料来源：国家统计局《农民工监测调查报告》

三是农民工以初中文化程度为主，青年农民工和外出农民工文化程度相对较高。根据国家统计局发布的《2017 年农民工监测调查报告》，在农民工群体中文盲所占的比重为 1%，小学文化程度占 13%，初中文化程度占 58.6%，高中文化程度占 17.1%，大专及以上文化程度占 10.3%，大专及以上文化程度农民工所占比重比上年提高 0.9 个百分点；外出农民工中，大专及以上文化程度的占 13.5%，比上年提高 1.6 个百分点；本地农民工中，大专及以上文化程度的占 7.4%，比上年提高 0.3 个百分点。由此可见，农民工以初中文化程度为主，青年农民工和外出农民工文化程度相对较高。

四是大多数农民工没有参加过任何职业技能培训，青年农民工参加农业技术培训的比例低。在职业技术培训方面，我国农民工参加过正规职业技能培训的比重较低，大部分都从事技术含量较低的体力劳动。根据国家统计局发布的《2017 年农民工监测调查报告》，农民工群体中接受过农业或非农职业技能培训的占 32.9%，接受过非农职业技能培训的占 30.6%。从调查情况来看，青年农民工接受非农职业技能培训的比例要高于年长的农民工，年长的农民工接受农业技术培训的比例要高于青年农民工，年龄层次越低，接受农业技术培训的比例也越低。

4. 农民工的组织

二十世纪七十年代末，我国的人口流动限制和户籍制度逐渐放开，部分农村剩余劳动力开始从农村、山区、牧区转移出来，到城市的工业企业打工，成为我国第一批农民工。经过四十多年的改革开放，我国的农民工群体逐渐发展壮大，已经占到人口总数的五分之一，成为社会主义现代化事业的重要建设者、参与者和见证者。到目前为止，我国农民工已经形成了组织较为严密的社会群体，组织形式主要包括以下几种类型。

一是自由流动式。一直以来，我国大部分农民工外出务工都是市场行为，各地的用工市场需求和供给共同决定了农民工的流动方向。目前，我国许多农民工都是根据市场需求而自发流向广东、浙江、上海、江苏等沿海地区和大中城市打工和生活，这部分农民工流动的随意性大，流动目的地主要受市场需求和工资水平的影响，即哪里有需要就往哪里走，哪里收入高就往哪里流动。目前，自由流动型农民工数量较多，大约占农民工总数的一半以上，但随着用工市场的逐渐成熟，我国农民工自由流动的比例在逐渐下降，农民工外出务工的目的性正在不断提升。

二是老乡或亲戚组团式。在自由流动农民工的探索下，部分农民工在打工的过程中会将所在城市和单位的用工需求信息及时带回家乡，并为自己的亲戚朋友牵线搭桥，引导和组织大家到城市和工厂打工，既为广大农村剩余劳动力外出务工找到了就业门路，也在一定程度上满足了城市二三产业发展对农民工的需求。久而久之，这部分农民工就在打工城市形成了以老乡和亲戚为联系纽带的非正式的农民工团体。这种以老乡或亲戚为纽带的农民工之间联系比较紧密，相互互通信息、共享资源，从而形成了较为庞大的群体，数量约占我国农民工总数的两成。

三是政府组织引导型。随着外出务工农民工数量的增长，许多劳动力资源较为丰富的地方政府在自身没有产业的情况下，组织农村的剩余劳动力向城市流动，从而形成劳动力输出大军。例如，《南方都市报》曾经刊发《四川仪陇：1984 年副县长带领农民工“闯京城”》的故事，讲述了 1984 年由时任四川省仪陇县委副书记、常务副县长的张思智把农村“剩余劳动力”作为一种生产资源，率先组织了全县 33 名农民闯荡北京城，从而引发后来的 30 万劳务大军的故事。仪陇农民工“闯京城”成为了改革开放以来中国最早一批由政府组织向省外输出农村剩余劳动力的事例，目前这类农民工的数量约占农民工总数的 15% 左右。

四是劳务公司组织型。随着外出打工农民工市场规模的扩大，一些企业开始委托劳务公司到劳动力资源较为丰富的中西部地区去招工，并对招聘的农民工进行培训和管理，从而为企业提供稳定的农民工资源。例如，以富士康为代表的大型劳动密集型代工企业常年委托劳务公司在农民工较为密集的地区进行招聘，以确保企业拥有充足的劳动力。另外，每年秋季棉花收获季节，新疆许多棉花种植户都会委托一些劳务公司或者个体户到河南、四川、甘肃等地区招收大量的农民工，从而解决拾花工数量不足的问题。目前，通过劳务公司组织的农民工数量约占农民工总数的10%左右。

由此可见，农民工群体的存在具有十分重要的意义，大量农民工群体对促进我国农业的现代化和规模化发展、农民收入增长、农村社会稳定都具有举足轻重的作用，成为我国经济发展、产业升级、结构优化以及推动城市化、工业化、现代化进程的重要动力。经过四十多年的改革开放，各级政府的就业部门也对农民工务工开展了专业技术培训、就业岗位引导、务工供需信息传播等全方位的服务工作，农民工的就业环境有了很大改善，待遇水平和保障水平也有了很大提升。目前，随着我国经济的持续快速发展，农民工群体已经形成了相对稳定的社会组织和网络，成为我国社会各行各业发展的重要支撑力量，尤其在建筑业、制造业、服务业等相关领域，农民工群体都起着不可替代的作用，对我国经济社会的稳定、持续、快速发展起到了十分重要的作用。

### （二）农民工就业的现状

由于我国农民及农民工群体具有数量大、人口比重高、分布广、涉及面宽等特点，使得农民工就业问题事关经济发展与社会稳定，因此农民工就业问题长期以来都受到社会各界的广泛关注。根据调查发现，目前我国农民工就业呈现出总量不断增长、就业区域分布特征明显、就业领域较为集中、向三产转移趋势明显、“回乡创业”渐成趋势等特征。

1. 就业总量规模不断增长

中华人民共和国成立以来的前三十年，由于我国工业化和城市化的总体发展水平较低，大量劳动力主要在农村从事农业生产，导致农业和农村的生产效率十分低下，农业和农村地区蓄积了大量的剩余劳动力。改革开放以来，随着沿海地区制造业的发展，我国农村剩余劳动力开始逐渐向国内大中城市转移，成为推动我国城市化进程和二三产业发展的重要动力，这也是我国农民工群体产生的根源。尤其是近几年来，我国进城务工的农民工数量保持持续上涨的趋势，根据国家统计局的数据显示，2017年年末我国在城市二三产业就业的农民工数量达到了28652万人，同比增长了1.7个百分点。（见表1.2）

表 1.2　2011 年 -2017 年我国农民工总数变化表

| | 2011 | 2012 | 2013 | 2014 | 2015 | 2016 | 2017 |
|---|---|---|---|---|---|---|---|
| 农民工总数 | 25278 | 26261 | 26894 | 27395 | 27747 | 28171 | 28652 |
| 外出农民工 | 15863 | 16336 | 16610 | 16821 | 16884 | 16934 | 17185 |
| 本地农民工 | 9415 | 9925 | 10284 | 10574 | 10863 | 11237 | 11467 |

资料来源：国家统计局

从农民工就业地离家的距离来看，我国 2.87 亿农民工中，外出农民工所占的比重较高，大约 1.72 亿农民工属于离开本县到外地打工的“外出农民工”，而在本地就业的“本地农民工”数量为 1.15 亿人。由此可见，外出农民工是农民工群体的主要组成部分，接近两亿背井离乡的外出农民工是我国制造业和城市化发展的重要支撑力量。

2. 流入区域分布特征明显

我国农民工就业分布呈现出明显的区域特征，东部仍是农民工外出就业的主要区域，但中西部吸纳劳动力的能力越来越强。目前，东部沿海地区经济发达、产业基础条件较好、制造企业较为集中，对农民工就业具有很大的吸引力。根据国家统计局发布的《2017 年农民工监测调查报告》，东部沿海地区仍是农民工外出就业的首选区域，东部地区务工农民工 15993 万人，增长了 0.2%，占农民工总量的比重为 55.8%。但是，随着中西部地区经济社会发展和产业结构调整，在中西部地区打工的机会和收入增长较快，打工者经济收益的地区间差距逐渐缩小或拉平，且劳动强度和消费支出较低，社会支持网络较强，关照家里方便，就近就业、返乡创业逐渐成为部分农民工的优先选择，使得中西部地区吸纳劳动力的能力越来越强。国家统计局的调查发现，2017 年西部地区流入农民工为 5754 万人，同比增长了 4.9%；中部地区吸纳农民工 5912 万人，同比增长了 2.9%；京津冀地区流入农民工 2215 万人，同比增长了 3.3%；长三角地区流入农民工 5387 万人，同比增长了 1.5%；珠三角地区流入农民工 4722 万人，同比下降 0.9%。由此可见，西部地区产业发展环境的改善和产业发展水平的提升促进了农民工就业，为农民工就近就业、返乡创业创造了条件。

3. 就业行业领域较为集中

在改革开放初期，我国农民工主要是从四川、河南、湖南等内地人口大省向广东、浙江、上海等东南沿海地区流动，就业领域主要集中在纺织服装、电子产品制造业等劳动密集型的出口加工制造业。随着经济的持续发展，农民工群体的规模不断扩大，近年来我国农民工就业领域也逐渐向建筑业、服务业等劳动力密集型领域扩散，使得农民工在制造业和建筑业所占比重有所下降，但仍然是农民工就业的主要领域。根据国家统计局的数据①，2017年从事第二产业的农民工比重为51.5%，其中从事制造业的农民工比重为29.9%，从事建筑业的农民工比重为18.9%，是农民工就业的主体；从事第三产业的农民工比重为48%，其中从事批发和零售业的农民工比重为12.3%，从事交通运输、仓储和邮政业，住宿和餐饮业，居民服务、修理和其他服务业的农民工比重分别为6.6%、6.2%和11.3%，农民工在金融业、教育、文化、体育和娱乐业等高附加值服务业从业的比重较低。

4. 农民工向三产转移明显

根据产业发展的一般规律，在经济发展的初级阶段，劳动力就业主要集中在种植业、养殖业、林业、渔业等传统产业；随着经济的持续快速发展和劳动生产率水平的提升，大量的农村剩余劳动力开始逐渐由第一产业向以工业、建筑业为主的第二产业转移；然后再由第二产业逐渐向以服务业为主的第三产业转移。从近几年我国农民工就业的产业分布来看，随着农业和工业产值比重的不断下降以及机械化、自动化、智能化水平的不断提升，第一产业和第二产业的就业人数呈明显的下降趋势，第三产业的就业人数不断攀升，表明我国农民工就业正逐步由第一产业和第二产业向第三产业转移。2017年，从事第二产业的农民工比重为51.5%，比上年下降1.4个百分点；从事第三产业的农民工比重为48%，比上年提高1.3个百分点，其中从事交通运输、仓储和邮政业，住宿和餐饮业，居民服务、修理和其他服务业的农民工比重分别比上年提高0.2、0.3和0.2个百分点，可见第三产业已经成为我国农民工就业的主要领域。

5. “回乡创业”逐渐成为趋势

从现有的研究文献来看，改革开放以来我国经济增长的16%–20%是由农民工创造的，农村剩余劳动力向城市二三产业的转移在很大程度上提高了资源配置的效率和总体劳动生产率。与此同时，农村剩余劳动力的转移不仅

① 国家统计局，《2017年农民工监测调查报告》，2018年4月27日。

促进了城市二三产业的发展，也极大地促进了农村经济社会的持续快速发展，尤其是在劳动生产率不断提高的背景下，农民工就业的增长成为推动我国城市地区制造业和服务业发展的重要动力。

**表 1.3　我国本地就业农民工比重变化情况**

| | 2011 | 2012 | 2013 | 2014 | 2015 | 2016 | 2017 |
|---|---|---|---|---|---|---|---|
| 外出农民工比重 | 62.75% | 62.21% | 61.76% | 61.40% | 60.85% | 60.11% | 59.98% |
| 本地农民工比重 | 37.25% | 37.79% | 38.24% | 38.60% | 39.15% | 39.89% | 40.02% |

资料来源：国家统计局

其中，本地就业农民工增长速度较快，2017 年本地就业农民工数量已经达到了 11467 万人，比 2016 年增长了 230 万人，同比增长了 2.04 个百分点。由此可见，随着广大中西部地区经济的发展和产业发展环境的改善，大量农民工由外出务工开始回到本地创业就业，使得本地就业已经成为农民工就业的重要选项之一，“回乡创业”将成为未来一段时期带动农民工就业的重要推动力。（比重变化情况见表 1.3）

### （三）农民工就业的特点

农民工是我国改革开放后才开始涌现出的一支新型劳动力大军，是具有中国特色的特殊工人队伍，农民工群体的形成与发展对推进我国的城市化、工业化和现代化起到了十分重要的作用。近年来，随着经济社会的快速发展，我国农民工的供求结构状况发生了重大变化，使得农民工的流动与就业出现了一些新的特点，将对我国制造业发展和社会稳定产生广泛而深刻的影响，值得引起各方的关注和重视。

1. 从绝对过剩转为相对紧缺

当前，我国农村劳动力市场“供给大于需求”的总体情况并未改变，农村仍有大量的剩余劳动力，主要都是 40 岁以上的中年劳动力，而有一技之长尤其是受过专业技术培训的农村劳动力供给严重不足，尤其是 30 岁以下的农村劳动力供应明显偏紧，这也是近年来广东、浙江等沿海地区出现“民工荒”的重要原因。近年来，我国农村新增劳动力数量明显呈下降趋势，表现在劳动力市场上则外化为熟练技术工人和 35 岁以下普通工人的“双紧缺”，其中普工尤为紧缺。根据国务院发展研究中心人力资源培训中心 2010 年和

2011 年开展的调查显示，从缺工的数量看，生产性岗位的普工最为紧缺，其次是技术性岗位。从短缺的程度来看，2010 年缺工持续时间平均达 5.3 个月，2011 年缺工持续时间则达 8.3 个月，这意味着长期以来“无限供给”的农村廉价劳动力资源和持续的“民工潮”已经逐渐被“民工荒”所取代，农民工相对紧缺可能将成为劳动力市场的“常态”。

2. 农民工平均年龄不断上升

近年来，随着我国高等教育事业的发展，许多高中毕业的年轻人进入大学深造学习的机会越来越多，这使得直接进入农民工群体的年轻人数量有所下降，从而导致农民工的平均年龄呈上升趋势。根据国家统计局发布的《2016 年农民工监测调查报告》显示，我国农民工群体仍然以青壮年为主，但青壮年农民工在农民工群体中所占的比重呈继续下降的趋势，农民工的平均年龄在不断提高。从平均年龄看，我国农民工的平均年龄由 2010 年的 35.5 岁提升到了 2017 年的 39.7 岁，保持稳步上升的态势，七年间年均增长速度达到了 0.6 岁。从年龄结构看，40 岁以下农民工所占比重为 53.9%，比上年下降 1.3 个百分点；50 岁以上农民工所占比重为 19.2%，比上年提高 1.3 个百分点。1980 年及以后出生的新生代农民工已逐渐成为农民工的主体，占全国农民工总量的 49.7%，比上年提高 1.2 个百分点；老一代农民工占全国农民工总量的 50.3%。

3. 农民工学历水平不断提高

新中国成立以来尤其是改革开放以来，我国教育投入不断增加，基础教育事业得到快速发展，使得我国居民受教育水平尤其是农民工的受教育程度得到不断提升。根据《2012 年农民工监测调查报告》和《2018 年农民工监测调查报告》的对比发现，尽管我国农民工的整体受教育程度不高，但在 6 年间有了显著提升，低学历农民工的比重不断下降，而高学历农民工的比重不断上升。2012 年 –2018 年间，我国农民工中文盲所占的比重由 1.5% 下降到 1.0%，小学文化程度的农民工比重由 14.3% 下降到 13%，初中文化程度的农民工比重由 60.5% 下降至 58.6%，而高中及以上文化程度农民工所占的比重由 23.7% 上升到 27.4%。由此可见，近年来我国农民工的平均受教育水平在不断提升，平均学历水平呈逐年上升的趋势，尤其是高学历农民工的数量和比重上升比较迅速。2017 年，在外出农民工中，大专及以上文化程度的农民工占比达到了 13.5%，比上年提高 1.6 个百分点；本地农民工中，大专及以上文化程度的农民工占比达到了7.4%，比上年提高0.3个百分点。

4. 低端服务业整体用工紧缺

相对于熟练技术工人的紧缺，目前各大中城市的批发、零售、住宿、家政、保安、护理、保洁、搬运、餐饮、环卫、快递、送货（奶、报）、仓储、物流、产品组装等低端服务业整体呈用工紧缺状态，40岁以上大龄农民工未得到很好利用。对于年轻的新生代农民工而言，上述工种具有利润空间少、工资待遇低、辛苦程度高等特点，而绝大部分年轻人从小生活环境较为优越，不愿意从事吃苦多、收入低的体力劳动，因此导致城市出现了较为严重的“民工荒”。事实上，文化水平低、职业技能单一、年龄偏大，但还具有一定体力的40岁–55岁之间的大龄农民工完全能够胜任上述工种，而且既能解决城市面临的“用工荒”问题，又可以增加农民工的就业和收入。但是，由于不彻底的城市化，将这些“40”“50”农民工挡在了城市劳动力市场大门之外，使其外出转移就业难度增大，从而造成了劳动力资源的浪费。未来，随着服务业在三次产业中的比重不断提高，用工需求也将增加，低端服务业的用工将呈更紧缺的状态。

5. 新生代农民工择业期望高

目前，外出就业的新生代农民工与上一代农民工相比，择业的期望更高，在工资薪酬（工资水平高、逐年提升）、职业发展（有技术含量、进行培训、能长远发展）、安全健康（安全、稳定、环境好、无污染）、娱乐休闲（有娱乐设施及必要的文化生活）、社交归属（职业体面、八小时工作制）、权益维护（签订劳动合同、维护职业尊严、个人价值）等方面有更高的诉求，不少企业能够承担和提供的条件与待遇于他们还有一定的差距，凸显“招工难”问题。根据全国妇联2011年年底发布的调查显示，新生代农民工有六成人会因为“工资比较低”、近四成人因为“没有发展机会”“影响健康”等原因选择离开原工作单位，在多个工作单位和城市间频繁流动，导致企业出现了较为严重的“招工难”现象。根据国务院发展研究中心人力资源培训中心2010年和2011年的调查结果分析发现，对于企业所遇到的“招工难”的原因，企业经营者选择比重最高的是“新生代农民工择业期望高”，这使得农民工就业出现了“好就业”却难“就好业”的情况。

随着农民工供给结构的转变，农民工群体的劳动力供给结构和对职业发展的期望也将有所改变，因此对农村劳动力资源的开发也将有所改变。一是要更加注重农民工智力资源的开发。过去对农民工的资源开发主要是体力劳动资源的开发，主要集中在劳动力密集型产业，而随着学历水平的提升，农民工群体的供给结构发生了变化，为此应当注重农民工整体的业务素质和工作技能等资源的开发，不断推动产业结构由劳动力密集型向资本和技术密集型转变。二是要重视农民工对职业发展的需求。传统的农民工都是以挣钱为目的，主要从事来钱快的体力劳动，而随着农民工供给结构的变化，农民工对于未来职业和就业有较高的期望，为此政府和企业应当理性对待他们的诉求，为新生代农民工的就业创业创造条件，从而创造更好的发展空间。三是要注重农民工素质和能力的提升。随着农民工供给结构的变化和产业结构的升级，不仅产业发展对农民工自身素质和能力的要求有了更高的需求，而且广大农民工对提升自身素质和能力的愿望也越来越强烈，为此应当为农民工在城市提供更多的培训机会和更大的就业平台，不断推动农民工素质和能力的提升。

## 二、农民工群体面临的主要问题

### （一）农民工群体面临的困难

长期以来，农民工群体为产业发展和城市建设作出了巨大的贡献，而广大农民工却未能享受到应有的回报，农民工在城市的居住和工作等状况堪忧。一方面，由于广大农民工都是远离家乡进城打工，为农民工就业和生活提供的服务还不完善，很大程度上限制了农民工就业和生活水平的提升；另一方面，由于广大农民工存在文化程度较低、法制意识淡薄、环境适应能力弱、社会关系简单、组织化程度低等因素的限制，缺乏维护自身权利的能力，使得农民工在城市的工作和生活面临着许多困难和问题。根据调查发现，目前我国农民工在城市工作和生活主要面临着总体收入水平较低、欠薪问题较为严重、社会保障水平较弱、家庭生活负担较重、职业发展潜力有限等问题。

1. 总体收入水平较低

长期以来，农民工的整体收入处于较低的水平，而且随着房租、物价、交通等基本生活消费支出的持续上涨，实际的纯收入增长较慢，农民工在城市的就业和生活面临着较大的压力。根据 2018 年 5 月 21 日人力资源和社会保障部发布的《2017 年度人力资源和社会保障事业发展统计公报》，2017 年年末我国农民工的人均月收入水平为 3485 元，比上年增加了 210 元，增长了 6.4 个百分点。根据国家统计局的数据，同年全国规模以上企业就业人员年均工资为 61578 元，相当于每月工资水平为 5132 元，也就是说，农民工的工资水平仅相当于规模以上企业就业人员工资水平的 67.4%。可见，农民工群体的收入处于较低的水平，在城市生活面临着许多的困难，因此为了增加收入，大多数农民工只能靠节衣缩食和延长劳动时间来获得更多的收入。

2. 欠薪问题较为严重

长期以来，由于我国许多企业存在资金周转困难、企业经营不善、诚信制度缺失等问题，使得欠薪问题成为较为普遍的社会现象，而处于弱势群体的农民工常常受到欠薪问题的困扰，给广大农民工造成了巨大的经济损失和心理负担。根据人力资源和社会保障部的数据，2017 年 12 月 1 日至 2018 年春节前，人力资源和社会保障部联合国家发展和改革委员会等十几个部门联合开展了治理拖欠农民工工资的专项行动，围绕解决工程建设领域欠薪特别是政府工程项目欠薪等，对部分地区开展了专项督查。专项检查期间，全国共移送涉嫌拒不支付劳动报酬的犯罪案件 1329 件，各级人社部门在主要新闻媒体集中公布了 887 件重大欠薪的典型案件，共为 100.6 万名农民工补发了被拖欠工资和赔偿金，涉及金额达到了 119.75 亿元。由此可见，尽管近年来拖欠农民工工资的问题有所改善，但拖欠农民工工资情况仍然较为严重，已经成为影响农民工群体就业和生活的重要问题。

3. 社会保障水平较弱

长期以来，由于我国社会保障体系还不完善，许多企业出于经营成本、社保手续及员工稳定性等因素考虑，很少给员工按照标准足额缴纳医疗保险、养老保险、失业保险等社会保障金，有的企业只是按照最低标准部分缴纳了社会保障金，甚至有很多企业根本就没有为员工缴纳社会保障金。根据本课题组在唐山的调研发现，如果要为员工足额缴纳各种社会保障金，员工拿到手的工资仅相当于企业支出的 60% 左右。而农民工作为城市就业和生活的弱势群体，大都怀有“拿到手的现金最实在”的想法，对养老、失业、工伤等社会保险的认识不足，因而不愿意企业在其工资收入中扣除比重较高的社会保障金。因此，我国农民工享受社会保障的水平普遍较低，能够普遍覆盖的基本只有原农村户籍地的新型农村合作医疗和大病医疗保险等社会保障。

4. 家庭生活负担较重

目前，外出务工的农民工以青壮年为主，且大部分年龄基本都在 40 岁 – 60 岁之间，大都属于家里的顶梁柱，需要面临来自生活、工作、家庭方方面面的各种压力，家庭的生活负担较重。一是家庭生活支出较高。农民工的年龄大都在 20 岁 – 55 岁之间，属于家里的顶梁柱，对上要承担赡养老人的责任，对下要尽抚养子女的义务，有的甚至还要为子女盖房娶媳妇、支付高额彩礼，使得农民工的家庭生活负担较重。二是城市生活成本不断提高。相对于农村生活而言，城市工作和生活的成本较高，在城市打工需要支付高昂而且不断上涨的吃饭、住宿、消费等基本费用。三是工作压力较大。农民工要应对工作中可能出现的工作不稳定、拖欠工资、长期加班、繁重的体力劳动等一系列问题，使得农民工面临着较大的精神压力。因此，广大农民工的总体收入水平较低，往往辛苦工作和生活了一辈子，对自己很抠，甚至很多时候即使生病了也因为高昂的医疗费用而不敢去医院看病、去药房拿药，只能自己扛着。

5. 职业发展潜力有限

在现阶段，由于广大农民工普遍存在文化水平较低、缺乏专业技能、社会关系简单等特征，大都从事技术含量较低的体力劳动，因此广大农民工的职业发展空间十分有限。一般而言，职业发展潜力和受教育水平、所属地工作种类有很大关系，劳动者的受教育水平越高，其职业发展的空间和潜力就越大。目前，我国农民工整体受教育水平较低，根据国家统计局《2017 年农民工监测调查报告》显示，农民工中未上过学的比重为 1%，小学文化程度的比重为 13%，初中文化程度的比重为 58.6%，高中文化程度的比重为 17.1%，大专及以上文化程度的比重为 10.3%。由此可见，农民工以初中及以下学历为主，整体处于初中学历水平，而且大都年龄处于 40 岁 – 60 岁之间，通过继续教育、职业培训提高科学文化知识和职业技能的难度较大，导致广大农民工的职业发展都面临一定的“天花板”。近年来，随着自动化、智能化制造技术的快速发展和广泛运用，许多制造业甚至服务行业对简单体力劳动人口的需求正在快速减少，这使得农民工的就业形势和就业前景面临较大的挑战。

### （二）农民工就业面临的困难

随着近几年经济发展速度的提升，各级政府不断推出支持农民工就业的各项支持措施，为农民工在城市就业和生活营造了良好的外部环境，农民工就业机会在不断增加，收入水平和保障水平也得到不断提升。但是在现实中，由于农民工的受教育水平普遍较低，大都在建筑业、制造业和服务业等领域从事附加值和技术含量较低的体力劳动，因此农民工的就业具有体力劳动强度较大、工作时间较长、工作生活条件较差、薪资待遇水平较低、工作稳定性差等特点。

1. 劳动强度较大

劳动强度是指劳动过程中劳动的含量或劳动的密度，增进劳动的强度，意思就是说在同一时间内增加劳动的支出或提升劳动的密度。而工作的劳动强度与就业的领域和范围有很直接的关系。一般来讲，从事金融、证券、保险等现代服务业的劳动强度相对较小，而从事建筑业、制造业以及餐饮、物流等传统服务业的劳动强度较大。由于我国的农民工就业都是以建筑业、制造业、服务业等产业为主，这些产业都属于典型的劳动密集型产业，因此农民工所从事工作的体力强度都比较大。根据原国家技术监督局制定的《体力劳动强度分级》标准，我国体力劳动强度由低到高可以划分为四级。（详见表1.4）按照此标准计算，我国农民工现在从事的工作岗位劳动强度都比较大，主要集中在3–4级之间。对于体力劳动的接受程度，曾经干过农活、年龄在45岁－60岁左右的农民工大都表示“可以接受”，而未干过农活的新生代农民工大都表示“现在的工作太累了，难以接受”①。

**表1.4　体力劳动分级表**

| 体力劳动强度级别 | 劳动强度指数 | 劳动强度指标 | 劳动强度类型 |
|---|---|---|---|
| Ⅰ级体力劳动 | Ⅰ <15 | 8小时工作日平均耗能值为3558.8千焦耳/人，劳动时间率为61%，即净劳动时间为293分钟。 | 相当于轻劳动 |
| Ⅱ级体力劳动 | Ⅱ －20 | 8小时工作日平均耗能值为5560.1千焦耳/人，劳动时间率为67%，即净劳动时间为320分钟。 | 相当于中等强度劳动。 |
| Ⅲ级体力劳动 | Ⅲ －25 | 8小时工作日平均耗能值为7310.2千焦耳/人，劳动时间率为73%，即净劳动时间为350分钟。 | 相当于重强度劳动 |
| Ⅳ级体力劳动 | Ⅳ >25 | 8小时工作日平均耗能值为11304.4千焦耳/人，劳动时间率为77%，即净劳动时间为370分钟。 | 相当于“很重”强度劳动 |

① 陈世伟，和谐社会背景下农民工的社会适应问题研究，重庆工商大学学报，2007，（6）：9–13

来源：原国家技术监督局

2. 工作时间较长

农民工在城市大都属于弱势群体，受到学历、户口、社会阅历等方面的限制，在找工作过程中的谈判能力较弱。为了能够获得工作机会，即使在大多数明知雇主所要求的工作条件比较苛刻的情况下，也选择默默忍受，工作时间普遍较长。由于大多数农民工都是以计件、计时的方式作为工资计算依据，因此许多农民工为了多赚钱，甚至愿意主动加班，从而导致我国农民工的工作时间普遍较长。根据统计调查显示，在受访的农民工中，“没有休息日的调查者比例高达 22.6%，月休息时间在 4 天以下的农民工占比达到 52.7%，而每天工作时间在 12 小时以上的受访农民工占 10%，工作时间在 9–12 小时的受访农民工占 44.2%，而符合国家规定的每天工作 8 个小时的人仅占 39.55%”①。由此可见，农民工的工作目的、工作性质以及所从事的工作种类都决定了他们的工作时间普遍较长。

3. 工作条件较差

一直以来，我国广大农民工大都在劳动密集型行业从事体力劳动，而且大部分工作的劳动强度都比较高，因此农民工的工作条件和生活环境都比较差。调查显示，我国农民工从事的行业分布范围较广，差不多涵盖国民经济的各个领域，其中又以建筑业、制造业、居民服务业相对较多，这些行业具有工作条件差、保障水平低等特征。从目前的情况来看，农民工就业大都属于生产粗放、污染较重的建筑、煤炭、化工等行业或企业，或是集中在劳动报酬不高的餐饮、家政、娱乐和保安等行业或企业，因此农民工的工作条件较差，安全风险系数较低，经常会面临高温、高寒、高空、高海拔等极端作业环境，有时甚至面临工伤、残疾、死亡等危险。由于城市工作的收入水平高于农村，而且广大农民工尤其是年龄在 45 岁以上的农民工更具有吃苦耐劳精神，为了获得薪资水平更高、工作更稳定的工作大都对工作环境和工作强度持忍耐的态度。

4. 收入水平较低

由于受教育水平、职业技能和工作种类的限制，农民工工作存在工资收入水平较低、工资增长缓慢等特点，在我国基本属于低收入群体，大多数人

① 刘晓冉．农民工就业问题及解决对策．山东行政学院学报，2012（12）：41–44

常年在温饱和小康之间徘徊，因此广大农民工进入城市工作和生活多是以多赚钱为目的。根据山东省的《农民工监测调查报告》显示，2017 年山东省农民工总数为 2420 万人，其中农村外出务工劳动力人均月收入为 3675 元，同比增长 6.4%，与山东省 2017 年 5775 元的社会平均工资相比还存在较大的差距。通过宏观数据的对比发现，我国农民工的整体收入水平大致相当于社会平均工资水平的 60% 左右。不仅如此，农民工的收入增长速度比较慢，2017 年山东省农民工的收入水平提升了 6.4%，与同期城镇居民人均可支配收入增速 8.2% 和农村居民人均可支配收入增速 8.3% 相比，还存在一定的差距。

5. 工作稳定性差

如前所述，由于我国广大农民工大都在城市从事建筑、加工制造、物流快递、家政服务等劳动密集型工作，而这些工作具有对劳动力数量需求不稳定、质量要求不断提升等特点，使得农民工的工作稳定性较差。尤其是在建筑、家政服务等流动性比较大的领域，广大农民工往往要经常随着建筑工地的变化和业主的调换而不断地更换工作区域以及服务对象，这也是造成许多农民工工作不稳定和社会保障不连续的重要原因。不仅如此，广大农民工不仅要面对工作地点和工作对象变化带来的挑战，还要经常面临着居住地点不断变化的挑战，为了应对不断上涨的房租价格并寻找更具有高性价比的居住场所，广大农民工往往需要经常更换居住场所，从而造成农民工居住地点的不稳定。因此，农民工工作以及居住环境缺乏稳定性，使得许多随迁子女难以在城市接受稳定的义务教育，这也是造成广大农村地区出现大量“留守儿童”的重要原因之一。

通过上面的分析可以看出，农民工是城市建设与产业发展的重要贡献力量，在城市干着最脏、最累、最辛苦的工作，但并未得到与之相适应的工资收入、工作环境和社会保障水平，应对市场风险的能力较弱，尤其是应对就业风险的能力较差。一旦遇到经济波动或者企业经营出现问题，农民工将会面临较大的失业风险以及工资损失，这将会给农民工及其家庭的收入、就业带来巨大的影响。而对于部分返乡农民工而言，尽管各级政府已经出台了支持农民工返乡创业就业的政策措施，返乡农民工有了更多的就业机会，然而“能就业”未必意味“就好业”，许多农民工返乡后主要从事服务员、建筑普工、物流快递等工作，存在“要么赚得少，要么太辛苦，而且风险还比较大”的状况。

### （三）农民工就业的重要意义

农民工是我国改革开放、工业化、城镇化进程中涌现的一支新型劳动大军，是具有中国特色的一个劳动力就业群体。当前，我国正处在工业化、城镇化、现代化加快发展的阶段，大量农民工在城乡之间亦工亦农、流动就业、对保持我国制造业国际竞争优势、提升农民收入水平、推进城市化进程、保障经济持续发展具有十分重要的意义。因此，我们应当充分认识促进农民工就业的重要性、紧迫性和长期性。

1. 保持产业竞争优势

改革开放以来，我国制造业得到快速发展，制造业国际竞争力得到显著提升，成为全球重要的制造业基地。2011 年，我国制造业在全世界的比重已经超过了 19%，并超过美国成为世界第一的制造业大国，在联合国划分的 500 种工业门类中有 220 多种工业产品产量位居世界第一，大量低成本的劳动力是我国由落后的农业国向制造业大国转变的重要支撑。根据美国波士顿咨询公司发布的数据，目前我国制造业的劳动力工资水平（具体指按生产力调整过的制造业工资）大约为 4.35 美元 / 每小时，而美国制造业的劳动力工资水平约为 22.32 美元 / 每小时，相当于我国制造业的劳动力成本仅为美国的五分之一，而这其中农民工是制造业劳动力的主要来源。因此，农民工就业是制造业持续快速健康发展的重要内容，也在很大程度上确保了我国制造业在国际市场的竞争优势。

2. 提升农民收入水平

农民工是介于农民和城市居民的一个特殊劳动群体，农民工的收入水平也介于农民和城市居民之间，农民工就业群体能够带动我国居民收入水平的增长。如前所述，2017 年年末我国农民工的人均月收入水平为 3485 元，而与此同时农村居民的人均可支配收入为 13432 元，相当于每月的人均可支配收入为 1119 元，可见农民工的收入水平相当于农村居民收入水平的 3.11 倍。农民工在城市二三产业就业在一定程度上会促进广大农村居民整体收入水平的提升，而且通过农民工在农村和城市之间的传导效应将会为农村社区带来新的信息、新的技术、新的思维方式和新的观念，从而带动农村经济社会的发展。因此，农民工群体的扩大和农民工收入水平的提升能够在很大程度上提升居民收入的增长，对脱贫攻坚和全面小康目标的实现具有十分重要的现实意义。

3. 推动城市发展进程

一直以来，农民工在推动城市建设与发展中扮演着重要角色，成为城市建设与发展的主要推动者。一方面，农民工在城市主要从事制造业、建筑业和服务业工作，尤其是建筑业中农民工的比例最高，几乎占到 80% 以上，因此从某种意义上说农民工是我国城市发展的主要建设者；另一方面，随着农民工收入水平的提升和城市化进程的加快，许多农村居民尤其是农民工已经开始在城市购房，成为拉动城市房地产和基础设施建设的重要群体。农民工在城市从事城市建筑业、装修装饰、现场施工、物流配送等体力劳动，在很大程度上能够加快城市基础设施建设步伐、提升城市美化绿化亮化水平、促进城市服务功能更加完善。同时，如前所述，农民工是介于农民和城市居民的一个群体，随着农民工存款总量的持续积累和就业的稳定，许多农民工开始在工作地城市购房定居，完成由农民向市民的初步转化，是城市化发展的重要动力来源之一。因此，农民工就业在很大程度上能够加快推进我国的城市化进程，从而提升人口的城市化率水平和城市发展进程。

4. 保障经济社会稳定

一直以来，劳动就业与社会稳定之间具有密切的联系，就业率的上升会减少失业人口而使得社会更加稳定，而就业率下降、失业人口增加将会成为影响社会稳定的重要因素。如前所述，农民工群体是我国农村剩余劳动力向城市二三产业转移的重要群体，农民工向城市的有序转移和稳定就业在一定程度上能够促进我国经济的持续健康发展和社会的繁荣稳定。根据国家统计局的数据，近年来我国农民工的总体数量保持持续增长的态势，2017 年农民工群体的总数已经达到了 2.87 亿人，粗略估算涉及的家庭人口至少在 6 亿以上，相当于我国人口总数的 40%，可见农民工群体已经成为一个庞大的社会群体，农民工群体的稳定就业对我国的经济增长和社会稳定至关重要。因此，要保持国民经济社会的稳定与发展，就要做好农民工就业和社会保障工作，为农民工向城市有序转移和实现稳定就业营造良好的发展环境。

5. 推动城市建设进程

改革开放以前的很长时期，我国都属于典型的农业大国，农业产值和农业人口所占的比重都比较高，而且农业发展比较缓慢，用于城市建设的资金投入比较有限，因此城市化总体水平较低。改革开放以来，随着沿海劳动密集型制造业的持续快速发展，我国广大农村剩余劳动力开始转移到城市二三产业工作，在促进农村劳动力生产率水平不断提升的同时，也为城市建设与发展、推动城市化进程提供了充足的动力。一方面，农民工在城市中从事制造业和服务业，参与城市建设和城市管理，在城市建设、物流快递、餐饮服务、社会治安、垃圾处理等方面做出了重要贡献。另一方面，农民工已经成为城市人口增长的重要来源，许多农民工长期在城市工作和生活，其子女和家人也在城市接受教育和工作，逐渐由农村居民转化为城市居民。因此，农民工群体的存在以及农民工群体的不断壮大是城市建设和城市化发展的重要推动力量。

6. 促进农村经济发展

农民工是长期在城市工作和生活的产业技术工人，是游走于农村和城市之间的主体，与农村繁荣、农业发展和农民增收有着十分紧密的联系。目前，在城乡二元结构尚未根本打破的情况下，农民外出务工已成为工业带动农业、城市带动农村、发达地区带动落后地区的有效实现形式，农民工外出务工为我国闯出了一条统筹城乡发展、解决“三农”问题的新道路与新模式。一方面，农民工能够带动农村经济增长。如果扣除在城市生活成本，按照每位农民工每年带回农村 2 万元计算，目前全国共有 2.87 亿农民工，每年至少将带回农村超过 5 万亿的资金，这对加强农村基础设施建设、推动农村经济发展、增强农村购买力具有十分重要的意义。另一方面，农民工就业能够扩大农民视野。大量返乡创业的农民工在带回资金的同时，也会带回技术、管理以及市场经济观念，这将改变农村地区陈旧的思想观念、扩大农民事业、提高农民工创业的成功率，从而带动农村地区实现高质量发展。

## 三、农民工就业面临的挑战

### （一）农民工就业面临的挑战

近年来，全球经济金融危机的影响尚未彻底消除，各国仍然没有完全走出经济低迷的状态，全球经济复苏仍然任重而道远。在我国，经济增长已经由超过两位数的高速增长转变为 6%–8% 的中高速增长，经济增速的变化给农民工的就业造成了巨大的挑战，使得农民工就业总量徘徊在低速增长和缓慢下降的边缘，农民工就业的分布也有新的变化，就业市场面临企业招工难和农民工就业难“两难”并存的矛盾，而且这种结构性矛盾已经成为农民工就业市场的常态。目前，农民工就业主要面临结构性矛盾突出、工资收入增长放缓、培训效果不明显、社会保障体系不完善等一系列挑战。

1. 结构性矛盾仍然突出

近年来，全球经济仍然没有完全走出金融危机的影响，西方国家仍然保持较低的增长速度，而我国经济发展处于转型升级的关键时期，经济增长面临较大的下行压力。同时，随着我国经济总量的增长和工资水平的上升，劳动力供给数量、价格等方面的比较优势开始持续下降，许多制造企业开始往劳动力成本更具有比较优势的越南、泰国、印度等国家和地区转移，而且沿海地区部分企业则通过实施“机器换人”策略引进智能制造设备来替代劳动力，导致制造业的就业需求总体出现大幅下降，社会总体就业形势十分严峻，给广大农民工群体的就业带来深刻影响。随着供给侧改革的深入与互联网经济、人工智能的发展，“就业难”与“招工难”的结构性矛盾加剧，一方面是东部沿海发达地区的许多制造企业难以招到数量充足、价格合理、技术熟练的产业技术工人，不得不采取“机器换人”的措施，另一方面是许多农民工由于文化层次、知识技能、学习能力跟不上时代发展需求而难以找到合适的工作，因此农民工就业面临的结构性矛盾仍然较为突出。

2. 工资性收入增速放缓

通过调查发现，我国农民工群体的收入来源较为单一，基本都是以工资性收入为主，而且工资收入还经常面临被拖欠、被克扣、被吞噬等风险，收入的增长空间和增长速度都十分有限。决定工资收入增长速度的要素较多，不仅和员工自身的受教育水平、技术能力、社会关系、职业阅历等方面有关，而且和劳动力市场的供求水平有很大的关系。一般而言，员工的受教育程度、技术能力、社会关系和职业阅历与员工的收入增长都具有正相关的关系。但是，由于农民工的受教育总体水平较低，职业技能也比较弱，社会关系比较单一，职业阅历也都属于低端工种，在很大程度上制约了农民工工资收入的增长。因此，一直以来，我国农民工面临着工资收入水平较低而且增长缓慢的挑战。但是，随着农民工劳动力供给数量的减少，“人口红利”正在消失，劳动力市场的供求状况正在发生变化，农民工的工资收入水平会逐渐得到提升。

3. 培训实际效果不明显

一直以来，我国职业技术教育发展较为滞后，许多学生都是在报考大学无望的情况下才不得已而进入职业技术学院，这种高等教育体制和生源结构制约了职业技术教育水平的提升，这使得我国培养的职业技术人才难以适应制造业高质量发展的需求。目前，由于现行的职业技能培训体系主要由公共部门主导和推动，不仅行业内的竞争机制还不完善，而且在培训课程的设计、监管、绩效考核方面尚不完善，使得职业技能培训的效果并不明显。主观方面，农民工因为工作流动性大、更换工作频繁等特点，自身参加技能培训的积极性不高，不愿意花时间参加职业技能培训；而作为考量培训成果的职业资格准入制度市场认可度低，在工资提升、职业发展方面的作用不明显，进一步抑制了农民工参与技能培训的积极性。因此，农民工的职业技能水平提升速度缓慢，职业发展空间有限，发展潜力较小，许多农民工只能长期从事技术含量较低、收入水平较低的体力劳动。

4. 社会保障体系建设滞后

改革开放以来，我国城市二三产业得到快速发展，而农村地区发展严重滞后，使得二元经济成为我国转型期经济社会的重要特征。在二元结构社会中，不同身份的劳动者在包括就业、教育培训、医疗保险、社会保障等在内的各项制度保障上都有很大差别，与其城乡身份息息相关，使得广大农民工外出务工或异地创业都不能享受同等的权益。近年来，随着体制改革的不断深入，城乡一体化进程得到快速推进，许多地区也专门制定了促进城乡一体化的政策措施，确保广大农村居民和农民工能够和城市居民一样享受各种社会保障和服务。但是，由于我国是一个拥有 14 亿人口的大国，要切实改变延续了几千年的城乡差距还面临着较大的困难，因此要加快农村社会保障体系建设，提升农民工在就业、培训、医疗等方面的保障效率和服务水平，逐渐建立城乡一体的社会保障机制。

## （二）农民工就业面临的趋势

改革开放四十多年来，我国经济保持了持续快速增长的势头，产业发展已经达到了一定的规模，进入了转型升级的关键期。近年来，随着我国经济结构的战略性调整和制造业的转型升级，农民工的就业形势也发生了很大变化，人口红利逐渐消耗殆尽，农民工“供大于求”“廉价供应”的状态或许将一去不返，使得农民工在就业市场中的谈判能力不断增强，就业范围和薪资水平也正在发生深刻变化。

1. 全局性民工荒将成为常态

2005 年以来，用工短缺现象逐渐由珠三角、长三角、环渤海湾等经济发达地区向内陆地区蔓延，近年来尤其突出表现在四川、重庆、安徽、河南、湖北、湖南、江西等我国传统劳动力输出大省，也出现了较为严重的“用工荒”。如作为传统人口输出大省的河南也面临着劳动力紧缺的问题，河南省政府在引进全球知名代工企业富士康之后却面临着劳动力紧缺的问题，不得不发动各级政府为企业招引劳动力。这表明，过去那种地区性的用工荒正呈现扩大化倾向，全局性的民工荒将成为常态。

目前，整体而言，长三角、珠三角、闽三角大部分纺织加工、服装加工、玩具加工、电子产品加工、制鞋业、建筑业等属低附加值的劳动密集型产业，仍处产业链低端，主要依靠薄利多销，依靠延长劳动时间来产生利润。未来，随着人工成本、原材料价格高企不下，以及融资难等因素叠加在一起，企业利润空间将继续被压缩，这意味着通过大幅提高工资吸引劳动力的持续性将减弱，一段时间内，沿海地区用工荒将呈持续紧张状态。沿海企业主导的劳动力买方市场地位正在下降，农民工就业“双向选择”的局面逐渐形成。

2. 就地就近转移将成为趋势

随着中西部地区经济社会的发展、就业机会的增加和就业环境的改善，农民工就近就地转移将成趋势，农村富余劳动力不用出远门在家门口就能实现就业。目前，实现农民工的就地就近转移，对提升农民工就业水平和生活质量，缩小区域经济发展差距具有十分重要的意义。一是降低就业风险。农民工的就地就近转移可以减少农村劳动力外出就业的盲目性，提高就业的灵活性，降低农民工外出就业面临的各种风险；二是减轻生活负担。就地就近转移可以增强其就业的稳定性，避免了租房、交通等额外支出，可以极大地降低农民工的就业和生活成本，提升农民工的生活质量水平；三是缓解社会矛盾。就地就近转移可以使农民工更加方便照顾家庭，有效缓解农村地区的留守儿童、留守老人、留守妇女等社会问题，调整农村地区的人员结构，促进农村经济社会的稳定与发展。调查显示，2017 年，农民工在本地就业人数达到 11467 万，比上年增加了 230 万，增长了 2%，增长速度比外出就业农民工高出 1.1 个百分点，说明农民就地就近转移已经是一个趋势。在农民工就地就近转移的趋势下，为农民工服务的重点也应当由过去主要为异地流动就业服务，转变为围绕异地流动就业、就地就近就业、返乡创业三方面服务为主。

3. 就业区域已变得日益复杂

相对于东部沿海发达地区，广大中西部欠发达地区具有劳动力充足、价格低廉等优势，而且随着中西部地区基础设施的不断完善，物流、资金流、信息流也变得日益方便，所以近年来不少企业、产业从东部沿海地区转移到中西部欠发达地区。但是，随着中西部地区经济社会的持续发展，中西部地区的要素比较优势也正在逐年递减，许多地区也开始出现了用工短缺现象，使得日趋频繁的“用工荒”不仅对东部沿海地区制造业的发展造成了影响，而且也给广大中西部地区承接东部沿海产业转移增加了不确定性，从而对农民工就业区域的分布产生了深刻影响。因此，在农民工就业从东部沿海地区往中西部欠发达地区转移的大趋势下，农民工就业区域的分布已经变得日益复杂，相信在不久的将来制造业领域的“用工荒”将向广大中西部地区蔓延。

4. 就业领域正发生重大转变

与上一代农民工主要集中在制造业、建筑业和服务业等劳动密集型产业的情况有很大不同，当前的新生代农民工主要集中在制造业和服务业，尤其是集中在快递业、餐饮业、家政业等现代服务业。不仅如此，许多新生代农民工在选择行业时，不仅看重岗位的工资水平，也很看重企业提供的工作环境和职业发展前景，因此愿意从事建筑业的新生代农民工越来越少，而更愿意从事与互联网相关的专车司机、物流快递等行业。目前，从事建筑业的农民工大多是35岁以上、50岁之下的老一代农民工，年青一代农民工主要从事餐饮配送、专车司机等行业。根据《2012年全国农民工监测调查报告》和《2017年农民工监测调查报告》对比可以发现，从事制造业的农民工所占的比重由2008年的37.2%下降到2017年的29.9%，从事批发零售的农民工所占比重由2008年的9.0%上升到12.3%，从事住宿餐饮业的农民工所占的比重由2008年的5.5%上升到2017年的6.2%。由此可见，农民工由制造业向服务业转移已经成为一种趋势，未来制造业的用工荒问题将会越来越严重，而服务业将成为农民工就业的主要领域。

5. 工资收入水平呈上涨趋势

自2005年沿海一些地区出现“民工荒”后，农民工的工资收入结束了长期增长停滞状态，进入一个快速上升的通道。截至目前，我国农民工的工资收入已经出现了连续12年上涨的势头，工资性收入在全部收入中的比重也呈逐年增加的趋势。从2004年到2011年，农民工工资年均增长达到12%左右，此后农民工工资收入增长速度有所放缓，但增长速度基本保持在8%以上。一方面，随着劳动力紧缺成为常态，必然会促使企业重视保护农民工的各项权益，这在很大程度上将成为带动农民工工资上升的重要因素。如在广州番禺地区的调研中发现，有的企业为农民工提供居住环境较好的公寓，有的甚至规定员工在企业工作一定年限之后将分配住房。另一方面，如上所述，随着产业结构的变化，农民工的就业结构也开始发生变化，越来越多的农民工开始由传统的建筑业、制造业向制造业、服务业转移，就业领域的转移也将导致农民工工资收入水平的提升。

6. 回乡创业就业数量有增长

近年来，贵州、云南、四川、广西等劳动力输出大省为了吸引农民工返乡创业，先后出台了一系列吸引农民工回流的政策措施。以劳务输出大省四川省为例，四川省先后出台了《关于进一步做好为农民工服务工作的实施意见》《关于支持农民工和农民企业家返乡创业的实施意见》《四川省鼓励农民工等人员返乡创业三年行动计划纲要（2015–2017年）》等政策，省级财政安排1.7亿元用于返乡农民工创业风险补助，并通过加强农民工职业技能培训，采取校企合作、订单培训等方式，开展农民工职业技能培训计划，拨付专项财政资金支持返乡农民工初创培训、创业辅导和提升创业技能。大力扶持农民工和农民企业家返乡创业，“归雁经济”发展成效明显。而广西则通过对农村劳动力资源进行全面调查，掌握农村劳动力的基本信息、就业、技能培训需求等，在此基础上通过农民工创业奖补、农民工返乡就业社会保险补偿等奖补政策吸引在外地农民工返乡创业就业。目前，广西农民工总量1225万人，在区外农民工632万人，其中在广东人数为563万。通过扶贫车间吸纳、有组织劳务输出、返乡创业带动、扶贫公益性岗位等多个渠道支持了约10万农民工返乡创业就业。同时，广西还在全自治区建设了一大批农民工创业园，截至2018年年底38个农民工创业园已经有722家企业入驻，提供了44431个就业岗位，吸纳贫困人口就业3915人。目前，返乡农民工就业主要集中在工业园区、乡村旅游、电子商务等领域；返乡农民工创业主要集中在种养殖、餐饮住宿服务、家政服务、批发零售等领域，逐步实现了从“输出一人，致富一家”的“加法”向回乡创业“一人创业，致富一方”的“乘法”的转变。

由此可见，随着产业转型升级的稳步推进和自身素质能力的不断提升，我国农民工就业的产业、地域、收入水平等方面也在不断发生变化，这在一定程度上也反映了我国产业结构调整的方向。为此，下一步各级政府应当加大农民工就业的政策扶持力度，尤其是要加强农民工职业技术培训，引导农民工创业，支持农民工返乡创业就业。

### （三）各地支持农民工就业的政策举措

一直以来，农民工就业问题都事关经济发展、社会稳定和脱贫攻坚，受到社会各界的广泛关注，因此农民工就业问题也成为各级政府工作的重要内容。近年来，为了进一步促进农民工创业就业，各级政府结合中国国情以及各地区实际，出台了一系列政策措施，从信贷支持、资金补助、园区建设、创业辅导、社会保障等方面为农民工创业就业营造了良好的政策环境。

1. 国家层面

近年来，党中央和国务院十分关心创业创新问题，围绕创业创新出台了一系列支持“大众创业，万众创新”的政策文件，形成了我国的“大众创业，万众创新”支持体系。在此基础上，国务院充分激发各个阶层、各类人群的创业创新热潮，尤其是针对农民工的就业创业问题出台了一系列政策文件。如国务院办公厅《关于支持农民工等人员返乡创业的意见》（国办发〔2015〕47号）、国务院办公厅《关于推进农村一二三产业融合发展的指导意见》（国办发〔2015〕93号）、国务院办公厅《关于支持返乡下乡人员创业创新 促进农村一二三产业融合发展的意见》（国办发〔2016〕84号）、国务院办公厅《关于建设第二批大众创业万众创新示范基地的实施意见》（国办发〔2017〕54号）、国务院《关于强化实施创新驱动发展战略进一步推进大众创业万众创新深入发展的意见》（国发〔2017〕37号）等。国务院出台的鼓励农民工就业创业的政策文件，在一定程度上为化解产业转移、技术进步和城市化给农民工就业带来的影响，并为中小城市的产业发展、人才聚集奠定了良好的政策基础，也为各地出台相关政策措施提供了指引。

2. 省级层面

2008年美国次贷危机以来，全球经济增长受到严重影响，我国制造业出口也受到波及，使得我国农民工的就业受到重大影响。为了消除次贷危机给我国经济和农民工就业带来的影响，各省、市、自治区相继出台了一系列促进农民工就业的政策措施。例如，2008年12月1日，广东省人民政府发布《转发省劳动保障厅关于切实做好当前农民工稳定就业工作意见的通知》，对做好广东省农民工稳定就业工作提出了具体措施。农民工长期在城市、生活工作，具有技术熟练、见识广泛等特点，并具有一定的资本积累，在回乡创业创新方面具有很大的优势。为更好地引导和促进农民工回乡创业就业，部分省市专门出台了农民工返乡创业支持文件。如2015年云南省人民政府下发了《云南省人民政府办公厅关于支持农民工等人员返乡创业的实施意见》（云政办发〔2015〕60号），支持农民工、大学生和退役士兵等人员返乡创业，并围绕目标任务制定了《实施“返乡创业工程”三年行动计划纲要（2015—2017年）》。不仅如此，部分省市还对返乡创业和就业的农民工给予资金补助，极大地带动了各地农民工的创业就业热潮。如2017年，贵州省先后制定出台了《贵州省2017年就业工作要点》《贵州省就业补助资金管理暂行办法》《2017年贵州省城镇新增就业考核办法》等文件，进一步丰富完善了农民工就业创业政策体系。

3. 地区层面

对于一些劳动力资源比较丰富的地州而言，通过向大中城市进行劳务输出是群众最直接的增收手段。以云南省文山州为例①，2017年年末全州劳动力转移就业人数达到109.8万人次，外出务工成为解决剩余劳动力就业、促进农民增收的重要和重要手段。为了解决农民工在回乡后打工或创业过程中遇到的困难和问题，为农民工回乡创业营造良好的政策环境，吸引更多的农民工返乡创业，文山州制定了一系列政策措施。在就业技能培训和创业培训方面，文山州将为农民工提供免费的就业技能培训，培训的技能涉及电工、焊工、钢筋工、架子工、砌筑工、汽车修理工等，学习的周期一般为1–3周，有培训需求的农民工可到户口所在地村委会找劳务经纪人或县市就业人才服务中心报名。在州内工业园区务工人员补贴方面，对于在州内工业园区务工的农民工有一定的交通补贴、稳定就业补贴和岗前培训生活补贴，其中建档立卡户每人每年200元，非建档立卡户每人每年150元；稳定就业补贴，建档立卡户每人300元，非建档立卡户每人200元；岗前培训生活补贴，建档立卡户每人300元，非建档立卡户每人200元。在社会保险方面，在州内务工的

① http：//www.sohu.com/a/224162254_680727

农民工可享受一系列社会保障制度，包括城乡居民养老保险、企业职工基本养老保险、工伤保险、生育保险、医疗保险、失业保险等。在农民工子女教育方面，文山州简化了农民工子女入学手续，只需要父母或者其他监护人持身份证明、户口证明、居住证明等材料即可安排入学，从而方便了农民工随迁子女入学，保障随迁子女可以在当地接受教育和参加升学考试，而且所有符合条件的随迁子女都能享受国家义务教育“两免一补”、普通高中国家助学金等政策。在农民工住房保障方面，文山州将家庭月人均收入在当地城镇住房保障准入标准以下、人均住房建筑面积低于 13 平方米的城镇中等偏下收入和低收入住房困难家庭、进城务工人员等住房困难群体纳入公共租赁住房的保障范围，而且各县市根据实际情况，充分考虑农业转移人口和外来务工人员的需求，确保每年将 1/3 可分配的公共租赁住房用于解决农业转移人口住房问题。

4. 县域层面

作为我国重要的基础管理单位，县域政府是我国农民工接触最多、管理最直接的机构，也是我国农民工就业管理、创业创新和就业服务的主体，也是各级政府关于农民工就业、管理和创业工作的执行单位。近年来，为了加强对农民工就业创业的支持以及更好地落实各级政府对农民工就业创业工作的政策措施，各级县域政府制定了一系列详细的配套政策。以河北省丰宁县为例，为了进一步促进国务院支持农民工返乡创业就业的相关政策落地落实，丰宁县出台了一系列配套政策措施。一是加强农民工就业政策宣传。加大农民工就业创业支持宣传，通过印制宣传单、入村入户张贴标语、乡村级协管员咨询讲解、大喇叭播放、手机客户端等多种形式广泛宣传落实就业技能培训、创业带动就业等举措和各项补贴政策。二是创建返乡农民工创业园 / 孵化基地。投资 3000 余万元建立了占地 650 余亩的食用菌生产基地，包括发菌棚 23 座、各式出菇棚 420 座、标准化菌种厂 1 座，并配套有完善的食用菌菌种生产设备和相关检测设备，发展和带动周边 4 个乡镇 8 个自然村的 600 多户贫困户从事食用菌种植及相关行业，解决 1000 余人就业。三是加强农民工技能培训。近年来，丰宁县建立了“政府统筹、人社局负责、乡镇招生、职教中心承担培训”的农民工技能培训机制，实行免收培训、职业资格鉴定考核、住宿、伙食、教材资料五项费用，共组织 30 多个工种的职业技能培训，培训农民工 1.8 万人次，1.6 万农民工通过培训考核取得了资格证书，1.3 万人实现了稳定就业。四是做好公共就业服务。丰宁县将促进农民工就业列为就业促进重点工作，通过组织开展“春风行动”暨东西部协作就业扶贫招聘会、就业服务月等专场招聘活动搭建农民工就业交流平台，做到城镇、农村宣传覆盖面达100%，实现“足不出户”就能找到合适的工作岗位，就业率达80%以上。

# 第二章

# 新时代产业转移、技术进步、城市化与劳动力就业的相关理论分析

## 一、劳动力就业的相关理论

劳动力就业是关系经济稳定发展、社会稳定和居民收入增长的重要问题，一直受到社会各界的广泛关注。海内外学者从不同的视角对劳动力就业问题做了大量的研究，形成了一系列具有价值和影响力的理论研究成果。我国许多学者也从中国国情出发，对农民工就业问题进行了深入的调查研究，发现了许多农民工就业过程中面临的困难和问题，从而使得农民工就业理论得到不断丰富和深化。通过对现有农民工就业相关的理论成果和实践经验进行系统梳理，发现二元结构理论、劳动力转移理论对农民工就业问题的研究提供了理论依据，也是本研究的理论基础。

### （一）二元结构理论

二元结构是指以社会化生产为主要特点的城市经济和以小生产为主要特点的农村经济并存的经济结构。由于发展中国家的城市和农村在基础设施建设、消费水平、人口规模、劳动生产率等方面存在巨大的差距，因此经济发展在很大程度上是发展中国家要实现城乡二元经济结构向现代经济结构的转换。二十世纪中期，以刘易斯等为代表的经济学家对二元结构理论进行了深入的研究，引起了广泛的关注。

1. 刘易斯模型

二十世纪五十年代中期，刘易斯（W.A.Lewis，1954）在英国的曼彻斯特大学学报上发表了题为《劳动无限供给条件下的经济发展》的学术论文，文章首次提出了完整的二元经济发展模型，为二元经济的研究奠定了坚实的基础。《劳动无限供给条件下的经济发展》在学术界引起了广泛的讨论，标志着二元经济模型的研究已经走出了思想阶段，并成为一种逻辑清晰、理论缜密的经济理论。在文章中，刘易斯提出了三个前提假设，一是将不发达的经济分为两个部门，在城市是以制造业为主的现代产业部门，在农村是以农业和手工业为主的传统产业部门；二是劳动力的供给具有无限性，也就是说，广大农村和农业生产部门能够为工业发展提供源源不断的劳动力供给；三是恒定的工资成本，在劳动力无限供给的假定下，劳动力的工资基本稳定在一个不变的水平，从而保障了制造业的持续稳定发展。在上述假设下，刘易斯将所有的产业部分划分为先进的资本主义部门和传统的自给自足的农业部门，这就是所谓的二元经济结构问题。在二元经济结构中，资本的数量越大，资本家就能够从农村和农业领域雇佣更多的劳动力到城市的制造业部门工作，直到农村的剩余劳动力完全转移到现代制造业部门中，二元经济才完全消失并转变为一元经济，同时也就完成了不发达经济向发达经济的转变。在这个过程中，刘易斯认为，资本的积累和技术的进步具有很强的相关性，二者之间的关系非常密切，甚至认为经济发展的过程就是资本积累和集聚的过程。

刘易斯的二元经济模型具有一定的进步意义，对研究落后地区的发展问题以及农村剩余劳动力的转移问题具有一定的价值，但是仍然存在很大的局限性。一是模型的推理过程所建立的三个假设前提存在很大的问题，而且这三个假设与当前的广大发展中国家尤其是欠发达国家的情况存在较大的差别；二是模型重点关注了城市和工业的发展，从而在很大程度上夸大了城市资本主义部门吸收剩余劳动力的能力，而将农业和农村看作是一个被动适应工业和城市发展的部门；三是忽视农业生产技术的进步、农业劳动生产率的提升、农民收入的增长，将城市和工业部门看成是农民发展的唯一出路，必然会出现农民市民化、农村城市化、农业工业化；四是刘易斯的二元结构模型属于资本主义制度下的经济模型，基本上完全回避了城市资本主义部门扩大过程中，资本家与农民之间，城市与农村之间，工业与农业之间的生产关系。实际上，二元经济结构的演变过程，实际上就是资产阶级剥削农民、掠夺农村、榨干农业的过程，从而完成其资本的原始积累；五是二元结构模型基本上没有涉及发达经济体和落后经济体之间的关系，两者在国际贸易中往往处于不对等的地位，两者之间的国际贸易往往都是不平等的交易，发达国家以高效率生产的工业产品来换取发展中国家低效率生产的农产品，实现其资本的积累。

2. 刘易斯－费景汉－拉尼斯模型

如上所述，在刘易斯所提出的二元结构模型中，自然而然地把农业部门看作一个被动适应经济发展和工业化的过程，从而在很大程度上忽略了农业生产效率的提升、农业技术的进步、农民收入的增长等因素的影响。随后，许多发展经济学家对刘易斯的观点提出了大量的改进意见，认为刘易斯的二元结构模型存在两大致命的弱点：一方面，不重视甚至忽略了农业在工业生产中的重要性，如为工业生产提供生产资料、劳动力并成为工业产品的消费市场，这种思想在很大程度上造成了农业生产部门的长期停滞；另一方面，忽视了农业技术的进步、农业生产效率的提升而导致大量过剩农产品的出现，而这应该是农业中的工业劳动人口向工业流动的先决条件。

由于二元经济理论存在的一些不足，引起了学术界的广泛讨论，而且批评的声音比较多，其中最主要的就是拉尼斯（G.Ranis）以及出生于北京、病逝于台北的美籍华人经济学家费景汉（J.C.H.Fei），他们二人于1961年9月在《美国经济评论》上发表的《经济发展的一种理论》并于1963年出版的《劳动过剩经济的发展：理论与政策》一书，对刘易斯二元结构理论的不足之处进行了修正，向人们提出了一个简单而理想化的二元经济发展模型，使其更加准确和合理，从而使得二元经济理论成为一个涵盖面更广的发展经济学理论体系。正因如此，经济学领域往往把二元经济模型称之为"刘易斯－费景汉－拉尼斯模型"，而且刘易斯还因为作出了包括二元经济理论模型在内的一系列重要理论贡献而荣获1979年度的诺贝尔经济学奖，成为发展经济学的主要奠基人之一。

3. 二元经济模型的特征

进入二十世纪六十年代以后，拉尼斯和费景汉对刘易斯提出的二元经济理论进行了修正和完善，形成了著名的"刘易斯－费景汉－拉尼斯"模型，并使得二元经济理论具有以下几方面的特点：

一是不发达经济体是由传统部门和现代部门两个不同性质的经济部门组成。在生产技术方面，前者主要采用以手工为主的传统生产技术，而后者主要是以机器设备为主的生产技术，前者是以长期的生产经验积累而逐渐形成的，后者是通过教育和培训而快速从发达地区引进而形成的，前者是劳动力密集型的经济部门，后者是资本和技术密集型生产部门。在经济价值方面，传统生产部门主要以求生存为目标，农业生产的劳动力雇佣也都是以传统的伦理道德为规范，常常会出现人员过多、过于臃肿、劳动效率低等问题，因此经济效益较低，尤其是货币化程度较低，这样的产业部门会存在大量的剩余劳动力；而现代部门的企业生产经营以利润最大化为目标，市场化程度高，企业家会尽可能减少劳动力雇佣、降低成本支出，因此不存在剩余劳动力。

二是传统部门中存在边际生产率低于其生活费用甚至等于零的劳动力。在传统的生产部门中，由于存在大量的剩余劳动力，换句话说，部分劳动力的减少完全不会对传统部门的产出水平产生任何影响，也就是说边际劳动生产率接近于零。如果一个社会完全是传统生产部门，而没有现代生产部门，所有的劳动力只能一直生活在最低标准的工资水平，也就是陷入了“马尔萨斯”陷阱。在这样的社会中，边际劳动生产率为零到最低生活成本之间的那部分劳动力，也就是所谓的“剩余劳动力”，而且边际劳动生产率为零的那部分劳动力就是纯粹的剩余劳动力。在传统经济部门为主的国家和地区，只有不断发展现代产业部门，提升现代产业的规模和比重，才能充分吸收剩余劳动力，不断提升剩余劳动力的收入和生活水平，从而带动整个社会生产效率和收入水平的提升。

三是随着现代产业部门比重的扩大，农村剩余劳动力将会源源不断由农村和农业向城市现代产业部门转移，指导边际生产率为零的劳动力完全消失为止。根据边际生产率的变化，农村剩余劳动力转移可以分为三个阶段：在第一阶段，主要边际生产率为零的剩余劳动力流向现代产业部门，这些剩余劳动力的转移并不影响传统产业部门的总产量；在第二阶段，边际生产率大于零而小于最低生活成本的那部分剩余劳动力向现代工业部门转移，这部分剩余劳动力的转移会逐渐对传统产业部门的总产量产生一定的影响；在第三阶段，传统部门的剩余劳动力已经被现代产业部门吸纳完毕，而随着现代产业部门的发展，将会从传统产业部门中吸纳一部分大于最低生活成本的劳动力，使得劳动力供给机制发生本质变化，劳动力过剩现象将会消失，从而使得劳动力供给出现变化，劳动力的工资将持续上升，而且劳动力流动和工资会随着传统部门和现代部门的竞争而发生变化。这三个阶段的变化过程就是工业化的进程，国家也从农业经济向工业经济转型，从不发达经济向发达经济转型。

四是在工业化过程中，最关键的是第二个发展阶段，如果现代工业部门的生产技术没有显著提升并带动农业劳动生产率的提升，这将在一定程度上导致农业生产的下降，因此会导致农产品供给水平下降。如果农产品供给出现下降，农产品价格将会随之上升，现代工业部门只能通过提高产业工人的工资来稳定劳动力队伍，现代产业部门的利润水平也会随之下降，产业发展的速度将会放缓，从而降低现代产业部门吸纳农村剩余劳动力的能力；而如果传统农业生产领域的劳动生产率没有得到提升，现代工业部门又没有获得足够的资本积累，将会导致经济增长的速度放缓，这将使得工业化难以实现；第二阶段的长短主要受传统部门劳动生产率和现代部门资本积累水平的影响，传统农业生产部门的劳动生产率水平越高，现代产业部门的资本积累速度越快，第二阶段所需要的时间也就越短，甚至在极端理想的情况下可能缩短到零。

### （二）劳动力转移理论

二元经济环境是农村劳动力转移的背景，由于农业收入水平低于工业和第三产业，因此在农村剩余劳动力未完全消化之前，都会有劳动力持续不断的向城市的二三产业转移。在刘易斯提出二元经济理论之后，托达罗等人对劳动力转移问题进行了深入研究，形成了一套农村劳动力转移理论。

1. 人口迁移理论

威廉·佩蒂（William Petty，1690）从经济发展的视角对人口流动的原因进行了分析，认为比较利益的存在，会促进劳动力由传统农业部门向现代工业部门和商业部门的转移。雷文斯坦（E.Ravenstein，1885）发表了《人口迁移之规律》一文，总结了人口迁移的七大规律，一是人口的迁移以短距离为主，主要目的地为工商业发达城市；二是流动人口首先迁居到城镇的周围地带，然后再迁居到城镇里面；三是全国各地都是由农村向城市集中；四是每次大规模人口迁移都会带来反向流动；五是长距离的流动基本都是向大城市流动；六是城市居民的流动率比农村居民低；七是女性流动率要高于男性。巴格内（D.J.Bagne，1969）认为人口流动的目的是改善生活条件，从而提出了人口流动的“推拉理论”，流入地的那些有利于改善生活条件的因素就成为“拉力”，而流出地不利的生活条件就是“推力”，人口的流动就是由这两股力量前拉后推共同决定。E.S.Lee 在雷文斯坦和巴格内的基础上修正了人口迁移理论，建立了一个完整的分析框架，将影响人口迁移的因素划分为“推力”和“拉力”两个方面，认为“推力”是消极因素，促使移民离开农村地区；“拉力”是积极因素，通过更高的收入、更好的生活吸引居民迁入城市。因此，“推力”和“拉力”都是促进人口流动由农村向城市转移的力量。

2. 农村劳动力迁移理论

美国发展经济学家托达罗（Michacl P.Todaro）于1970年发表了著名的“三部门模型”，即农村劳动力向城市迁移决策和就业概率劳动力流动行为模型，假定农业劳动力向城市转移的动力主要取决于城乡预期收入差异，而且差异越大，流入城市的动力就越大。托达罗模型正确反映了农村劳动力在比较经济利益的驱动下向较高收入的地区或部门流动的理性经济行为；只要存在相对来说收入高的就业岗位和就业机会，就会对收入较低、就业不足的劳动力产生持续的引力（拉力）效应；对迁移成本的计算与预期是影响劳动力作出迁移与否决策的重要因素之一。然而，也应当看到，托达罗模型也存在一定的局限。一方面，迁移数量或迁移率直接随就业概率的变化而变化，农村劳动力基本上是根据对城市就业概率的了解而作出迁移与否的决策的，那么迁移在相当大的程度上是“盲目的”，因而得出“就业机会越多，失业率越高”，这显然与实际情况不太相符。另一方面，托达罗模型只考虑了迁移人口的迁移成本，而迁移人口进入城市之后的生活成本并没有考虑在内，而生活成本在很大程度上是决定劳动力能否成成功迁移的重要因素。

3. 劳动力流动理论

劳动力在城市和农村之间的转移并非是单向的，哈里斯特和托达罗（Harrist & Todaro，1970）通过对劳动力转移动力（城乡工资收入差距）的研究，从而拓展了发展中国家产业间的劳动力流动理论，这一理论被称为哈里斯—托达罗农村城市人口迁移模型。该模型认为，劳动力由农村和农业生产领域向城市二三产业转移的主要动力是城乡之间的经济差异以及迁移者对迁移成本和收益的权衡。换言之，根据农村和城市之间的收入差距，可以将劳动力流动分为两个阶段。当城市和农村的平均收入差为正时，劳动力转移将呈现由农村向城市转移的趋势，从而使城市化水平不断提升；而当由农村向城市转移的劳动力足够多而导致城市工资水平下降，直到城市和农村的平均收入差为负时，劳动力会由城市开始向农村回流。由此可见，劳动力在城市和农村之间的流动并不只是单向的，在经济和城市化发展后期会出现从城市向农村流动的状态。

## （三）劳动力转移的原因

第二次世界大战结束后，美国在欧洲和日本实施了“马歇尔计划”，推动参战双方进入了国家重建和经济发展阶段，经济学研究的重点也逐渐转移到经济发展方面，无论是发展经济学还是区域经济学，都开始关注经济增长模式和欠发达国家的现代化之路。在这样的经济背景下，二元结构理论也得到不断发展和完善，由早期提出的以经济结构和社会结构为主的二元结构，迅速转向为二元经济结构，而且取得了一系列研究成果。1953年，荷兰社会学家J·伯克通过在印度尼西亚进行的广泛调查和研究，出版了题为《二元社会的经济学和经济政策》的专著，成为最早提出了二元结构的概念和理论的学者。在书中，作者认为摆脱荷兰殖民统治的印尼社会，是一个典型的二元结构社会。一方面，比重较大的农村地区仍然处于农业社会发展阶段，农业部门仍然依靠土地、劳动投入从事传统的农业生产；另一方面，在殖民统治下逐渐发展起来的城市和城镇已经实现了早期工业化，工业部门开始依靠资本、机器以及现代科学技术从事工业化生产。广大农村社会和现代城市的共同存在，就形成了典型的城乡二元经济结构，而这种二元经济结构的存在很大程度上使得城市和农村、现代工业和传统农业的资源配置方式、个人效用函数以及个人行为准则会存在较大差异。因此，二元结构社会中矛盾的本质是工业社会以及现代性同农业社会以及传统性两种文化的冲突。进入七十年代以后，二元结构理论又得到进一步延伸，政治、文化、社会等许多方面也都开始出现二元结构的概念，从而使得二元结构的概念和理论得到了发展，获得了经济学、社会学以及整个国际社会的广泛认同。此时，各国发展经济学家、区域经济学家，系统地丰富、深化、完善了二元结构理论，认为在这个过程中劳动力的转移主要是由于以下几方面的因素，主要以工业带动论、产业结构转变论、现代要素引入论等为代表。

1. 工业化带动论

工业革命以来的一百年间，德国社会学家注意到现代社会的工业化特征和变革，其中迪尔凯姆和韦伯认为，通过实行工业化生产能够带动社会化分工协作，从而取代了传统自给自足的生产方式，进而促进传统社会向现代社会的转型。因此，以机器生产为主的工业化生产模式能够把传统的农民转变为现代工人，并推动现代工业社会发展。如前所述，美国著名经济学家

W·刘易斯，对二元经济结构问题进行了深入研究，提出了工业带动论，认为发展中国家存在现代工业部门和传统农业部门两大经济部门，两大部门在资本运作、生产方式、生产规模、生产效率、收入水平方面完全不同。具体而言：在资本运作方面，工业部门通过机器制造的方式使用再生产性资本，农业部门采用土地为主要生产资料，而不使用再生产性资本；在生产方式方面，工业部门主要使用机器作为主要生产资料而采取工业化生产方式，而农业部门采用手工作业的生产方式；在生产规模方面，工业部门生产规模较大，而农业部门生产规模较小；在生产效率方面，工业部门由于生产规模较大，单位生产成本较低，遵循规模报酬递增规律，因此生产效率很高，而农业生产部门生产规模较小，受到季节性制约以及土地规模报酬递减规律的约束，因此生产效率较低；在收入水平方面，工业部门的生产率较高，因此总体收入水平较高，而农业部门生产率较低，因此收入水平较低，产出仅够维持生存。因此，二元经济发展的关键在于传统农业生产部门的剩余劳动力向现代工业部门及其他相关行业转移。随着工业生产规模的扩大，可以为农村剩余劳动力的转移和收入水平的提升提供更多的机会，并促进传统的农业部门规模缩小而现代工业部门的规模扩大，从而促进二元经济转变为一元经济，推动国民经济的持续发展与转型。

2. 产业结构转变论

二十世纪上半叶，许多发展经济学家发现，工业化过程涉及的内容是一个系统工程，既包括整个社会结构从传统农业社会向现代工业社会转变，也包括社会经济结构从农业社会向现代工业社会转型。而两者的转变过程主要取决于社会产业结构的转变和革新，也就是传统农业主导的产业结构向现代工业主导的产业结构的转变和革新。美国著名经济学家 H·钱纳里对 101 个发达国家和欠发达国家的二元经济结构问题进行了分析研究，提出了产业结构转变论，认为经济发展与经济结构转变具有很强的相关性，经济发展是经济结构成功转变的结果。传统的农业生产结构在市场需求的带动下，顺应城市工业化生产模式的变化，使得资金投入规模、生产技术水平、资源配置方式都发生了变化，从而转变为现代工业主导的经济结构，这个过程大致可以分为三个阶段。在第一阶段，由于经济社会发展水平较低，生产主要是解决衣食住行的需求，其中实物的需求最多也最大，因此整个社会都以农业生产为主，提供人们生活必需的食品。而且随着经济的持续快速发展、居民收入水平的提升，大家的生活将会有所改善，食品消费所占的比重有所下降，而以工业制成品为主的商品消费逐渐增加，导致现代城市工业快速发展，而传统农业生产处于缓慢发展乃至停滞的状态。在第二阶段，随着工业产品市场需求的增长，资金、劳动、土地等要素资源开始从劳动生产率较低的传统农业部门向生产率较高的现代工业部门转移，从而推动现代生产技术的快速发展和应用。生产要素资源从农业部门向工业部门的转变，不仅促进了资源的流动，而且能够快速提升整个经济的资源利用和资源配置效率。在第三阶段，传统的农业生产部门实现了现代化改造与发展，农业部门的生产力也达到了较高水平，城市和农村、工业和农业之间的差距逐渐缩小为零，经济欠发达地区开始转变为发达地区，二元经济逐渐转变为一元经济。在钱纳里看来，由于欠发达国家的市场需求和要素市场变化幅度更大，产业结构和经济结构的转移空间更大，因此欠发达国家和地区的资源转移和要素配置对经济增长具有更大的作用。因此，当前我国要不断推动产业和要素的区域转移，从而不断为我国东中西部地区的经济增长和产业转型升级增添发展动力。

3. 现代要素引入论

美国著名经济学家、有人力资源之父之称的 T·舒尔茨对发展中国家和发达国家工业和现代化进程以及现代化生产要素的引入和配置进行了对比分析，提出了现代要素引入论，认为二元经济结构的转变主要在于传统农业的现代化，而传统农业的现代化核心在于农业领域如何引入现代生产要素并且合理地配置资源。现代农业生产要素既包括具有现代农业知识的劳动力，也包括涉及现代农业技术的农业机械等生产要素。合理地配置现代农业生产要素，就是要使广大农民掌握和接受现代农业生产模式以及相关技术知识，懂得如何更好地运用现代生产要素，从而促进现代农业生产率的提升。因此，现代农业知识和技能在本质上是对农民的投资，从而通过教育、培训、健康、迁移、信息获得等方面增加农民的人力资本投入，将拥有现代农业知识的农民转变为农业经济增长的源泉。通过大量的研究发现，美国经济增长贡献来源中，自然资源为二十分之一，物质资本为五分之一，而人力资本占四分之三。目前，美国农业经济的发展主要不是由土地和资本来决定，而是由农业人力资本投入来决定，具体而言是由人的能力和素质决定，这才是决定贫困与富裕、落后与发达的关键。在舒尔茨看来，教育是人力资本投资的主要形式，农村的初等教育是非常有效的农业人力资本投资方式。1929–1957 年间，美国经济增长约 20% 的贡献来自于教育投入的增长，尤其是美国南部农村初等教育投资的产出效果最为明显，教育投入产出弹性系数高达 3，也就是说，农村教育投入增加一个百分点，产出将增加三个百分点。农村基础教育的重要性，对处于二元结构转型期的我国具有重大的借鉴意义，我国从新中国成立开始就十分重视基础教育的发展，用短短二十年的时间基本解决了文盲和半文盲问题，为改革开放以后经济的持续快速发展奠定了坚实的人力资本积累。

## 二、农民工就业的主要影响因素

农村劳动力，尤其是剩余劳动力到城市二三产业就业，已经成为改革开放以来我国经济社会转型的一种特殊且重要的现象。因此，农民工就业关系到制造业竞争优势、社会稳定、收入增长和扶贫开发等一系列问题，对保护好改革开放取得的成果、促进经济社会持续快速健康发展具有十分重要的意义。通过大量的理论研究和实地调查发现，技术进步、产业转移、城市化进程对我国农民工就业具有重要影响，深入了解我国技术进步速度、产业结构水平和城市化进程对促进农民工就业具有十分重要的现实意义。

### （一）技术进步

技术进步是关系农民工就业的重要影响因素，技术进步的速度和方向将对农民工就业的规模和结构产生深刻影响。目前，关于技术进步的衡量还没有较为准确、统一、规范的标准，大都只能通过寻找替代指标来衡量。从技术进步的内容来看，涉及农民工就业的技术主要包括制造技术、运输技术、信息技术、研发能力等四大类，这些技术的发展变化对农民工的数量需求和素质要求都会发生重大的变化。

1. 制造技术

对于我国这样一个 14 亿人口的大国而言，制造业是经济社会发展的基础，制造技术是我国技术创新的主战场，制造技术的进步关系到我国制造业的竞争力。制造技术是指生产制造某一种工业产品所需要的技术和工艺，包括技术原理、机器设备、工艺流程、考核管理等内容。一般而言，影响农民工就业的技术主要是指先进制造技术，即微电子技术、自动化技术等给传统制造技术带来的种种变化与新型系统，主要包括计算机辅助设计、计算机辅助制造、集成制造系统等技术。在工业化时代，尤其是工业化中后期，先进制造技术是制造企业取得竞争优势的必要条件之一，只有掌握了先进的制造技术，才能在激烈的市场竞争中立于不败之地，例如自动化、智能化生产线的引进，极大地减少了制造业对劳动力数量的需求，从而对农民工就业带来了巨大的挑战，这就要求广大产业工人必须与时俱进，掌握先进的电子信息、自动控制等现代技术。

2. 运输技术

近年来，随着工业生产能力的进步和消费需求的不断升级，消费者对物流配送的效率、速度、成本等方面的要求越来越高，这使得运输技术的进步成为经济社会技术发展的重要动力和组成部分。运输技术是指在物流运送、产品配送过程中所采用的先进运输工具、运送设备等，运输技术的进步水平和运用程度能够在很大程度上决定社会管理服务效率和产品竞争优势。例如，高效、便捷、安全、低成本的物流体系为我国电子商务带来了发展机遇，使我国迅速成为全球最大的电子商务市场。按照运输方式的不同，运输技术可以分为海洋、内河、公路、铁路、空中、管道等运输技术；按照产生动力方式的不同，可分为核动力、石油动力、醇动力、电动力、风动力、潮汐能动力技术等，还包括各种新式能源动力技术。目前，我国的运输技术是集铁路、公路、航空、管道、海运等于一体的综合的物流配送体系，这也是我国经济持续快速发展的重要支撑。

3. 信息技术

当前，随着新一代信息技术的快速进步和广泛普及，信息技术及其衍生的大数据、云计算、人工智能等已经成为经济社会发展的重要内容，世界已经进入了信息经济时代。信息技术主要是对管理和处理信息所采用的各种技术的总称，也就是应用计算机科学和通信技术来设计、开发、传输、安装和实施信息系统及应用软件，也常被称为信息通信技术（Information and Communications Technology，ICT），主要包括传感技术、计算机与智能技术、通信技术和控制技术。目前，信息技术的进步已经成为技术创新的重要内容，而且属于核心能力，信息技术的进步能够通过提升生产制造的速度和效率，从而提升单个工人的劳动生产率。因此，信息技术的进步不仅将对劳动力就业的数量产生深刻影响，而且对劳动力素质和能力的要求也将会提升。

4. 研发能力

一个国家和地区的科技研发能力是决定其技术水平、技术进步方向以及技术进步速度的重要因素，将会对其就业规模、就业结构和就业质量产生深刻影响。近年来，人工智能、信息技术等领域的快速发展极大地改变了制造业的生产效率，降低了劳动力的工作强度并改善了工人的工作环境，从而在很大程度上对劳动力就业尤其是劳动密集型制造业造成了巨大的冲击。正如李开复所预言的那样，10 年后人工智能的发展将会取代大部分就业岗位，会让 50% 的人失业，人工智能的市场价值将超过整个互联网世界。为此，各国政府都意识到技术创新的重要意义，不断加大科技创新人才的引进和培养投入，扩大人工智能、电子信息、云计算、大数据、物联网等领域科技创新的资助力度，力争占领战略性新兴产业发展先机。例如，美国总统特朗普十分重视人工智能的发展，签署了“美国人工智能倡议”，将人工智能技术作为对基础性研发投资的重点，美国国防部还专门设立了“联合人工智能中心”（JAIC），试图使美国能够抢占人工智能产业发展的先机。

## （二）产业转移

根据产业发展的一般规律，随着产业的发展，资本、劳动、土地等要素资源的比较优势将会发生一定的变化，使得企业开始将产品生产的部分或全部由原生产地转移到更具有成本优势和更接近消费市场的其他地区，从而就形成了产业转移。产业转移在很大程度上实现了不同地区资源配置的优化，促进了区域经济的发展，因此产业转移理论和区域经济理论不断结合，逐渐形成了区域经济发展的梯度转移理论。

### 1. 产业整体转移

产业整体转移也就是平常所说的产业搬迁，主要是由于随着转出地与转入地之间的要素成本、比较优势和消费市场结构等情况发生了重大变化，使得产业转出地已经不具备显著的比较竞争优势，从而整体开始向更具有比较优势的地区转移，以实现资源配置的优化和产品竞争力的提升。例如，二十世纪七十年代开始，随着美国劳动力生产成本的不断上升和亚洲电子产品市场需求的增长，美国的电子产业开始向劳动力更加丰富、成本更加低廉、购买力快速增长的韩国、日本和中国台湾地区转移；到了八十年代后期，随着中国大陆改革开放的推进，这些地区电子产业的比较优势逐渐下降，中国大陆地区在劳动力数量和成本、土地供给等方面的比较优势迅速凸显，电子产品的市场规模也逐渐扩大，使得大量的电子产品生产企业又逐渐向中国大陆转移。

2. 产业环节转移

产业链是各个产业部门之间基于一定的技术经济关联，并依据特定的逻辑关系和时空布局关系客观形成的链条式关联关系形态。产业链由多个不同的产业环节组成，从而形成了一个相互联系、协同发展的企业综合体和产业生态体系，因此产业链包含价值链、企业链、供需链和空间链四个维度。每个产业环节对要素成本、物流运输、技术创新的要求不同，使得产业转移并非适合产业的每个环节，很多时候是部分产业环节转移到更加具有成本、区位等优势的地区，最终使得不同的产业环节分布在不同的区域。例如，改革开放以来福建泉州市以优越的区位、丰富的劳动力等优势集聚了以安踏、特步、361 度为代表的运动鞋、运动服装企业，成为全球重要的集研发、设计、制造、销售等于一体的运动鞋服产业基地。但是，近年来随着劳动力成本的上升，泉州运动鞋服制造环节逐渐开始向劳动力更加丰富、成本更加低廉的东南亚、南亚等地区转移，而研发、设计等环节仍然留在泉州。

3. 分工体系优化

一般而言，产业转移涉及劳动、资本、技术、土地等生产要素资源的重新配置，产业空间分布的变化和部分产业环节的转移将会带动产业分工体系的优化和产业结构的调整，从而使产业的资源配置效率达到最优水平。例如，美国波音公司充分利用全球互联网信息技术来整合全球科技创新和制造资源，采取了全球化布局产业链的发展模式来整合全球的技术、劳动、设计、制造等要素资源，使波音飞机通过全球化设计制造体系实现成本、效率、速度、质量的完美结合。波音 787 客机的零部件超过了 230 万个，在设计制造过程中，波音采取了“主制造商 + 供应商”的分工协作模式，其零件由分布全球五大洲、70 多个国家的 545 家供应商共同提供，并通过现代信息技术和物流技术实现实时协同，从而保证了波音 787 客机的技术水平、产品质量和生产效率。

4. 重点产业集聚

无论是整体的产业转移还是产业环节的转移，都会伴随着产业集聚现象的出现。所谓产业集聚，是指相同或相近的产业在某个特定地理区域内高度集中，通过发挥不同产业之间的外部经济性和产业各环节之间的内部经济性，从而在研发、生产、原料采购方面实现规模经济，以降低单个产业、单个环节和单个产品的研发制造成本，提升产品、产业和产业集群的整体竞争优势。以底特律的发展为例，1896 年亨利 · 福特在麦克大道的厂房里制造出了第一辆福特汽车。1908 年，福特 T 型车成功下线，随后带动了许多相关零部件配套企业的发展，并在福特与威廉 · C · 杜兰特、约翰 · 弗朗西斯 · 道奇和霍勒斯 · 埃尔金 · 道奇兄弟、沃尔特 · 克莱斯勒等汽车先驱者的共同努力下，大量人口和产业开始向底特律聚集，底特律也慢慢成为全世界著名的“汽车工业之都”。

### （三）城市化

城市化是指随着社会生产力的发展、科学技术的进步以及产业结构的调整，一个国家或地区由以农牧业为主的传统农业农村型社会向以工业（第二产业）和服务业（第三产业）等非农产业为主的现代城市型社会逐步转化的历史过程。根据城市人口的规模、城市化速度以及人口流动的方向等情况，大致可以划分为城市化初级阶段、城市化中期阶段、城市化后期阶段以及后城市化阶段四个阶段。

1. 城市化初级阶段

在传统的农业社会，由于农业生产力水平远远落后于工业和服务业，因此城市二三产业就业的收入水平要远远高于农村地区，使得大量的农村剩余劳动力具有向城市工业和服务业转移的动力。随着农村剩余劳动力开始逐渐向劳动生产率、收入水平都比较高的城市二三产业转移，城市人口数量不断增加，城市规模不断扩大，城市化进程被开启，因此这一阶段城市化水平比较低，被称为城市化初级阶段。在这一阶段，城市人口占总人口的比例一般保持在 30% 以下，农村人口的数量仍然占较大的比重，整个社会的生产力水平仍然比较低，工业提供的就业机会较为有限，工业化是城市化发展的主要动力，因此这一阶段持续的时间比较长。这一阶段的城市化主要表现为农村人口缓慢向城市制造业和服务业转移，广大农民开始转变为城市居民，同时农村劳动生产率逐渐得到提升。

2. 城市化中期阶段

随着城市化进程的推进，城市基础设施和公共服务将得到持续改善，城市二三产业的规模也在逐渐扩大，城市对农村人口的容纳水平和吸引力越来越大，越来越多的农村人口向城市转移，因此城市人口规模不断扩大，城市人口占总人口的比重由城市化初级阶段的不到30%逐渐上升到70%以内，城市化发展进入中期阶段。尤其是当城市人口比重达到50%以后，城市人口的比重会迅速上升至70%，因此这一阶段也被称为城市化快速发展阶段。在这一阶段，大量农村人口和部分中小城市的人口开始往大中城市聚集，一些大城市、超大城市、特大城市以及大量的大城市群开始逐步涌现。同时，由于城市人口规模的不断扩张，城市管理的难度将会大大提升，城市管理效率不断降低，“城市病”问题日渐突出成为城市规模扩张和城市化发展的重要制约因素。

3. 城市化后期阶段

随着城市化的持续推进和城市化发展水平的提升，城市对吸纳人口的素质要求有所提升，各城市都根据自身的产业发展阶段而制定了相应的人才引进需求。以深圳为代表的东部沿海发达地区主要以引进创新型人才为主，主要面向全球引进诺贝尔奖级、院士级的创新型人才；以成都、西安、武汉为代表的中西部城市以引进高学历、高素质人才为主，对本科以上人口放开落户限制，并在住房补贴、子女教育、所得税减免等方面出台了大量的优惠政策。在这一阶段，尽管城市人口占总人口的比重会持续攀升，但当城市人口比重超过70%以后，农村人口向城市转移的速度将有所放缓，城市化发展进入相对稳定的发展阶段。与此同时，城市化的竞争已经由农村和城市的竞争逐渐转变为城市之间的竞争，同等规模和同等级别的城市之间通过营造更好的发展环境来争夺人才、资金、技术等要素资源，城市竞争的重点也从道路、医院、住房等硬件基础设施转向营商环境、成长空间等软环境。

4. 后城市化阶段

随着城市化发展水平的持续提升，城市对人口的容纳水平将达到饱和，城市人口增长的边际效率较低甚至为负数，而交通日益拥挤、居住空间狭小、管理效率低下、竞争压力加大等一系列“大城市病”的出现使得许多居民开始思考回归“田园生活”，城市居民开始向郊区甚至农村地区分散，城市化发展出现“逆城市化”现象。在这一阶段，城市人口占总人口的比重将缓慢上升达到90%以上，然后随着城市人口的逐渐减少城市人口比重会逐步下降，因此被称为“后城市化”阶段。与此同时，农村地区的商场、医院、学校等公共基础设施也得到极大改善，各种公共服务也得到不断加强，城乡之间的差距逐渐缩小，为城市居民回归农村生活创造了便利条件。例如，西方国家许多富人喜欢居住在郊区，城市和农村的界限日渐模糊，从而推动了城市空间规模的隐性扩张。

## 三、劳动力就业影响关系模型

### （一）劳动力就业关系模型

如前所述，技术进步、产业转移、城市化进程与经济社会发展具有紧密的联系，会对劳动力就业产生复杂而深刻的影响。当前，我国经济发展已经步入由工业化中期向工业化中后期跨越、由制造业大国向制造业强国转变的关键时期，而农民工群体的数量规模之大、涉及领域之广、牵涉人口之多举世无双，确保农民工群体的稳定就业对保障我国制造业转型升级和国民经济持续健康发展具有十分重要的意义。为此，通过对技术进步、产业转移、城市化与农民工就业关系的分析，发现上述三个因素对农民工就业具有十分重要的影响，具体情况如图 2-1 所示。

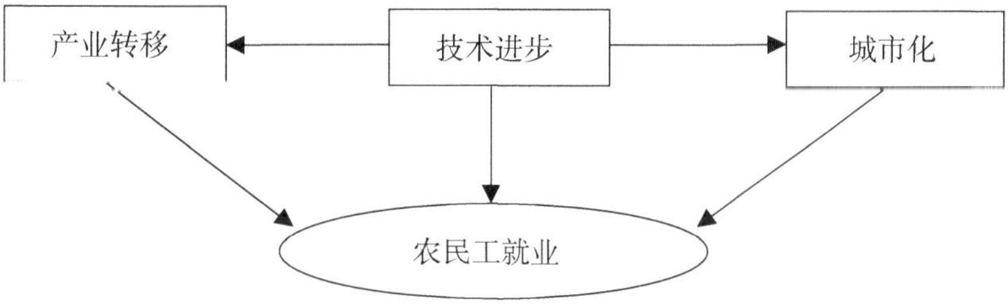


图 2-1　劳动力就业关系模型

### （二）劳动力就业影响因素的相互作用

一般来讲，技术进步、产业转移、城市化之间具有相互联系，技术进步、产业转移、城市化进程与劳动力就业之间具有一定的耦合关系，而且三者之间的相互作用又会对劳动力就业产生深刻的影响。

1. 技术进步与产业转移

一直以来，技术进步与产业发展具有密切联系，是产业发展的主要动力来源，也是产业向异地转移的根本原因。技术进步将在很大程度上改变区域之间的比较优势，如技术进步会促进土地价格提升、劳动力成本上升、生产效率提高等，从而使得部分地区不再适合发展劳动密集型的低端产业，形成产业向土地、劳动力、能源等价格更具有比较优势地区转移的“推力”。从这个意义上来讲，产业转移的过程也是技术进步和产业结构升级的过程。对产业转出地而言，低端劳动密集型产业的规模将逐渐缩小甚至消失，而技术研发、产品设计等高附加值环节所占的比重会逐渐提升；对产业承接地而言，劳动力、土地、能源等方面的比较优势将得到发挥，产业规模将不断扩大，产业层次将不断提升，逐步实现由农业主导型经济向工业主导型和服务业主导型经济的转变。

2. 产业转移与城市化

根据产业发展的一般规律，产业发展以及由此而引起的产业转移会对产业迁出地和迁入地的产业规模和人口规模产生不同的影响，从而对两类地区的城市化进程产生截然不同的影响。对产业转出地而言，城市化进程会因为产业的转出和人口增速的放缓而放缓，使得城市人口规模扩张速度放缓，从而影响人口的城镇化率水平，例如美国底特律，曾经是美国人口第四大城市，世界汽车之都和汽车文明的标志城市，结果过去几十年的衰败，目前人口仅为顶峰时期的1/3，城市失业率接近20%。对于产业转入地而言，城市化进程会随着产业规模的扩大和人口增速的提升而加速，使得城市人口规模加速扩张，如深圳就是通过改革开放中承接海外产业转移得到不断发展，在人口规模和创新能力方面已经成为我国首屈一指的城市。由此可见，城市化是产业发展和产业转移的结果。

3. 技术进步与城市化

一直以来，技术进步是城市化发展的重要推动力量，而城市化进程的推进反过来也在一定程度上提升了技术进步的速度，两者之间相互促进、相互影响，共同推动了技术的进步和城市化水平的提升。一方面，技术进步提升了城市建设的水平和城市管理的效率，促进了城市规模的扩张，如交通技术的进步尤其是地铁在大中城市的普及、高速公路网络的建设，使得城市人口可以居住到更远的地区，从而促进了城市范围的延伸和人口规模的扩张。另一方面，城市基础设施建设的加强有效地改善了城市的科技创新条件，城市功能的完善使得城市集聚了大量的科技创新人才，提升了科技创新的能力和速度，如全世界重要的科研机构和大专院校几乎都集中在大中城市，而且城市规模越大，聚集的高端人才资源就越多，科技创新能力就越强。

# 第三章
# 新时代技术进步与农民工就业

## 一、国际技术进步的现状与趋势

### （一）全球技术进步的现状

进入二十一世纪以来，新一代信息技术得到快速发展和广泛应用，对全球经济发展和居民生活产生了深刻的影响，推动了新一轮科技和产业革命的进程。近年来，世界著名的 IT 调研与咨询服务公司 Gartne 对全球科学技术发展水平及未来趋势进行了评估，并于 2017 年 10 月发布了即将对未来产生重要影响的科学技术，主要涉及十个领域的科技发展趋势，其中前三项科技主要涉及以人工智能与机器学习为主的智能化、中间的四项科技发展趋势集中于混合数字与物理世界的数字化、后三项趋势是利用不断扩大的人员与商业规模以及设备、内容、服务之间的连接实现数字化业务成果的网格化。

1. 数字化

数字化是指将任何连续的变量通过一定的信号转化为一种数学表达，以便使计算机能够更加便捷地进行记忆、计算和运用，数字化通常涉及数字孪生、从云到边缘、会话式平台和沉浸式体验等四个方面。在数字孪生方面，主要是指以数字化方式再现真实的实体或系统，精心设计的资产数字孪生在很大程度上将会促进企业决策的改进，并与其对应物进行关联更好地了解物件或系统的状态、响应变化、改进运营以及提升价值。因此，未来 3–5 年数字孪生将在物联网的快速发展中得到迅速发展，不断提升人类工程师对数字孪生的兴趣，提高其收集数据、反映正确数据、应用正确分析与规则并有效响应商业目标的能力。在从云到边缘方面，边缘计算（Edge Computing）描述了一种计算拓扑，在这种拓扑结构中，信息处理、内容收集与交付均在邻近此类信息的源头完成。连接与延迟挑战、带宽限制以及嵌入边缘的更强大功能均支持分布式模式。各企业应着手将边缘设计模式用于基础设施架构之中——对于拥有大量物联网元素的企业尤其如此。虽然许多人将云与边缘视作竞争方法，但云实际上是一种计算方式，在这种情况下，可弹性扩展的技术功能以服务形式交付，且天生就无需集中模式。在会话式平台方面，会话式平台将推动下一个重大模式转变，促进人类与数字化世界互动，而诠释意图的负担从用户交给了计算机，该平台接收用户的问题或命令，通过执行某些功能、展现某些内容或询问更多输入信息来响应，并在未来几年使会话界面成为用户互动的一个首要设计目标，并通过专用硬件、核心操作系统特性、平台及应用来实现。在沉浸式体验方面，会话式界面正在改变人们控制数字世界的方式，而虚拟、增强和混合现实（Virtual，Augmented and Mixed Reality）则在改变人们观察和与数字世界互动的方式。目前，虚拟现实和增强现实市场尚不成熟，还处于碎片化阶段。不过，人们对该领域的兴趣非常浓厚，因而催生了视频游戏和 360 度球幕视频等诸多新奇的虚拟现实应用，然而这些高级娱乐应用目前能产生的商业价值微乎其微。为了推动实现真正有形的商业效益，各企业必须审视特定的虚拟现实和增强现实应用的真实场景，以提高员工的工作效率，同时优化设计、培训和可视化过程。作为一种融合并拓展了虚拟现实和增强现实技术功能的沉浸式体验类型，混合现实应运而生。作为一种特别的沉浸式体验，这种技术十分引人注意，因为它优化了界面以更好地匹配人们观察并与世界互动的方式。混合现实跨度极大，包括用于增强或虚拟现实的头盔式显示器以及智能手机、基于平板的增强现实和环境传感器的应用等。混合现实代表了人们观察并与数字世界互动的范围。

2. 信息化

所谓信息化，是以通信、网络、数据库等技术为基础，对所研究对象各要素汇总至数据库，为居民生活、工作、学习、辅助决策等和人类息息相关的各种行为相结合的一种技术，信息技术的应用能够大大提高学习、工作等行为的效率。信息化是工业化社会的延续和数字化社会发展的必然阶段，而智能化是信息化的一种表现形式，也是信息化的生产工具。信息化要求在信息获取、数据传输、数据处理、数据分析、信息利用等方面具备相当的能力，而与之相匹配的能力也被称为信息化能力或者信息化生产力。信息化具有庞大规模的、自上而下的、有组织的信息网络体系，以现代通信技术、网络技术、数据存储和开发技术为核心，将所有要素集中到庞大的数据库中，为目标人群的生活、工作、学习、辅助决策以及其他行为服务，该技术能够大大地提高人类思维、决策和行动的效率。因此，信息化的出现和快速发展将会在很大程度上改变人类社会的生产生活方式、学习工作方式、社交思维方式，从而使人类社会发生极其深刻而复杂的变化。

3. 网格化

网格化是社会管理在互联网领域应用和延伸的一种称呼，也是互联网管理中的一种新模式，目前主要涉及区块链、事件驱动、持续自适应风险和信任三个方面。在区块链发展方面，区块链正在从数字货币基础架构向数字化平台转变，区块链技术与现有的集中式交易和记录机制截然不同，可作为已有企业和初创公司发展颠覆式数字化业务的基础。虽然有关区块链的宣传都集中于金融服务行业，但区块链在其他一些领域也有潜在的应用前景，比如政府部门、医疗保健、制造业、媒体发布、身份识别、所有权登记服务和供应链等。虽然区块链前景可观且无疑会带来颠覆式影响，但是对区块链的展望胜过区块链的现实，而且许多相关技术在未来两到三年内难以成熟。在事件驱动方面，数字化业务的核心围绕以下理念，即：企业总是保持高度敏感，随时准备探索利用全新的数字化业务时刻。业务事件可以是数字表达的任何事物，反映出明显的新状态或状态变化，比如完成订单或飞机着陆等。借助事件代理（Event Brokers）、物联网、云计算、区块链、内存数据管理（In-memory Data Management）和人工智能，人们可以更迅速地发现业务事件并进行更加详细的分析。不过，如果缺乏文化和领导力变革，技术本身也难以实现事件驱动模式的全部价值。数字化业务促使 IT 领导者、规划者和架构者从本身需求出发去积极地采用事件思维（Event Thinking）。在持续自适应风险和信任方面，为了确保数字化业务计划面对高级定向攻击时仍能有效实施，安全和风险管理领导者必须采用一种持续自适应风险和信任评估（CARTA）方法，以实现基于风险和信任且带有适应性反应的实时决策。安全基础架构必须在任何地方都具有自适应性，以便更好地利用机会并管理风险，从而确保安全性能够跟上数字化业务的速度。作为持续自适应风险和信任评估的一部分，各企业机构必须克服安全团队和应用团队之间的障碍，就像 DevOps 工具和流程弥合开发和运营之间的差别一样。信息安全架构师应尝试从多点协同将安全测试融入 DevOps 工作流程之中，在此过程中，他们必须以十分透明的方式与开发人员合作，并且保持 DevOps 的团队合作、敏捷性和速度以及开发环境的灵活性，从而实现了“DevSecOps”。运行时，持续自适应风险和信任评估也可与诱捕技术（Deception Technology）等联合应用。虚拟化和软件定义网络等技术进步已使“自适应蜜罐技术”（Adaptive Honeypot）的部署、管理和监控变得更加容易，而后者是网络诱捕的基本组成部分。

4. 智能化

智能化是当前全球科技进步的重要趋势，也是当前科技进步的主要内容，主要分为人工智能基础、智能应用与分析和智能物件三个方面。在人工智能基础方面，目前许多产品和技术都是以人工智能为发展目标，在设计之初都在为人工智能的发展预留发展空间，确保产品设计和性能不落伍，以期在未来两年内创建能够自我学习、自我调整并有望自主行动的系统，到2025年利用人工智能助力决策、重塑商业模式与生态系统、重建客户体验的能力都将是数字化计划取得成功的关键推动力。在智能应用与分析方面，未来相当长一段时间，人工智能技术和应用将渗透到经济生活的各个领域，其中很多应用具备智能化水平，人工智能与机器学习的存在和发展能够使这些应用程序发挥其真正的效用，并使之与幕后的智能设备和支撑体系达成高效配合，在人类、软件系统与机器之间搭起了一个全新智能的中间层，有望改变工作的本质以及工作场所的结构。在智能物件方面，主要是指摒弃严密的编程模型，转而利用人工智能实现高级行为并更加自然地与周围环境及人类进行互动的实物。人工智能正在大力推动全新智能物件（如：自动驾驶车辆、机器人与无人机）的进步并为许多既有物件（例如与消费者及工业系统相连接的物联网）带来更强功能。

## （二）全球技术进步的趋势

二十世纪是科学技术快速进步的时代，诞生了计算机、互联网、核能等伟大的发明，人类的衣、食、住、行、用等日常生活的各个方面发生了重大的变革，为当前科学技术的进步奠定了良好的发展基础。进入二十一世纪以来，新一轮科技革命快速兴起，主要以信息科学、材料科学、新能源技术、生命科学为主要内容，并辅之以海洋科技、空间技术，展开了一场全方位、多层次的科技革命。在新一轮科技革命带动下，人类社会迅速由工业化社会进化到高级形式，进入了信息化时代。而信息化以现代知识为核心，为知识创新、知识传播、知识创造以及知识的多样化应用奠定了基础。当前，世界科学技术快速发展，极大地推动了经济社会的发展变化，科技革命也成为世界经济发展中的一个显著特征，并最突出表现为融合化、生态化、全球化、多极化四大趋向。

1. 生态化

随着人类对自然资源的开发和利用，许多资源储量已经迅速减少甚至逐渐走向枯竭，而且开发过程中对资源和环境造成的破坏所导致的全球气候变暖、空气质量恶化、极端天气频发等问题已经严重影响了人类社会的可持续发展，为此生态化已经成为人类永续发展的一个必然选择。为此，早在 1992 年在巴西里约热内卢召开的联合国环境与发展大会就将“可持续发展”写入了《21 世纪议程》，为在全球范围内各国政府、联合国组织、发展机构、非政府组织和独立团体在人类活动对环境产生影响的各个方面勾画出了行动蓝图。目前，科学技术的进步主要通过提高资源开发效率和资源利用率来实现资源的永续发展，并通过尽可能地减少对生态环境的污染和破坏来实现人类社会的持续发展，因此生态化、绿色化、低碳化已经成为当前和未来一段时期科技进步的主要目标之一，也是未来科技进步和产业发展的重要发展趋势。在这种背景和发展趋势下，按照生态经济原理和生态规律构造高效、和谐、统一的生态产业体系，使科研、制造、应用、回收等各个环节能够通过系统的物质能量多级利用，实现资源的高效利用和环境的持续发展。

2. 融合化

融合是指不同领域之间、不同技术以及不同产业环节之间的相互交叉、相互渗透、相互融合，从而诞生一些新的产品和商业模式。近年来，信息化与工业化的融合、制造业与服务业的融合、科技创新与产业发展的融合已经成为技术创新、商业模式创新的重要途径。例如，科技创新与互联网的融合促进了“众包设计”模式的诞生，制造业与互联网的融合推动了共享单车的形成，互联网与出租车服务的融合为网约车的发展创造了机会，等等。由此可见，融合化已经成为当前科技和产业发展的重要趋势，而“互联网 +”的发展为不同产业、不同领域、不同环节以及不同技术之间的融合发展提供了发展平台和机会。目前，世界各个国家和地区都十分重视技术创新的融合，通过搭建技术创新平台、产学研合作平台、工业互联网平台等平台，为融合发展营造良好的发展环境，推动不同领域、不同技术、不同产业、不同环节之间的融合发展，从而提升技术创新能力和产品制造能力。

3. 多极化

从世界科技竞争的总体情况来看，美国、日本和欧洲等发达国家与地区具有先天的竞争优势，在现代科学技术的创新与应用方面尤其是高科技领域占据绝对的竞争优势，牢牢占据了世界科技创新的第一梯队。在世界科技创新的第一梯队中，美国是世界经济增长和科技创新的领头羊，尤其在技术水平、研发能力、人才储备、创新环境等方面要远远高于日本、欧洲以及广大发展中国家。但是，近年来随着日本、欧洲以及广大发展中国家技术创新能力的提升，美国与这些国家之间的绝对竞争优势已经逐渐转变为相对竞争优势，从而使得世界科技竞争的格局发生了重大变化。从当前科技创新和技术进步的整体趋势来看，世界科学技术的发展与竞争呈现出典型的多极化态势，即美国、日本、欧洲、俄罗斯和发展中国家各为一极，这五个竞争实体之间的科学技术相互竞争、相互渗透、相互促进，成为推动全球科技创新和产业发展的重要动力。

4. 全球化

近年来，新一代信息技术的快速发展和广泛应用给各个领域都带来了颠覆式创新的可能，科技创新已经不再是少数发达国家的事，逐渐在全球范围内不断涌现。目前，东南亚、南亚、非洲、南美等欠发达地区在新一轮信息化浪潮中实现了跨越式发展，信息应用水平得到迅速提升，许多国家甚至从零直接提升到接近发达国家的水平，从而促进了科技创新的国际化与全球化，使得科技创新已经成为世界主要国家和联盟的基本战略选择。随着当前全球性科技革命和产业变革的空前活跃，绝大多数国家和地区都在调整科技发展战略和发展政策，如美国制定了先进制造业发展计划、日本在二十一世纪初制定了在 20 年内获得 20 个诺贝尔奖的计划并已经逐渐成为现实。因此，当前科技创新已经成为全球的一大趋势，各国或各大型企业都试图通过提升自身的科技竞争力和科技创新能力作为推动当前和未来一段时期国家 / 企业发展的战略目标，不断通过全球科技和产业布局，持续完善和加强科技创新和制度创新，积极发展高新技术产业，占据竞争的绝对优势。

### （三）全球技术进步的特点

近年来，全球技术进步得到飞速发展，尤其是新一代信息技术的快速进步和广泛应用使得产业技术进步呈现出新的趋势，主要表现在“机器换人”效应越来越明显、技术迭代速度越来越快以及技术更新改造投入越来越大，这给全球产业发展和产业转移带来了重大挑战，使得全球技术进步出现新的特征。

1. 科学技术的提速化

随着人类科学技术的进步和制造能力的积累，当今世界科学技术的进步已经明显提速，科学相关的知识和成果出现高速倍增的状态，主要表现在以下几个方面。一是科学技术的研究与开发已经实现了从经验积累式的偶然发现向目标导向型的试验试错的转变，科技研发与科研人才培养越来越专业化、职业化，科技成果产出的速度得到空前提升；二是科学技术从实验室研究到市场化应用的转化周期不断压缩，而且绝大部分研发都是以市场需求为导向的研究，一旦开发成功即被投入生产应用，科技成果的投入产出效率得到显著提升；三是生产设备、技术及相关概念更新的时间距离不断减少，科学技术的快速进步与发展使得生产设备、制造技术以及相关的概念得到快速更新而且持续迭代；四是各国在科技方面的人才储备、资金投入不断增长，各国、各地区、各企业为了在未来竞争中占据竞争优势，不断加大人才储备力度和资金投入力度，许多企业已经成为科技创新的主力。

2. 学科领域的集成化

近年来，随着科学技术的进步和市场需求结构的调整，科技创新已经由单个领域的独立研究逐渐转变为多学科的融合发展。目前，科技创新已经由单纯的科学发现和技术发明转变为一个复杂的系统工程，涉及多个领域和多个环节科学技术的进步、创新资源的整合以及多种技术的集成。因此，现代科学技术的发展早已打破了单一行业和领域的限制，许多研究整合和集中了多个学科的研究成果，从而取得了一系列颠覆性的创新成果。例如，近年来在全世界受到广泛追捧的新能源汽车就涉及电池储能技术、电控技术、充电技术、电机驱动与传动系统、电池管理、半导体芯片技术等相关前沿技术，涉及原材料、工艺等多个领域和环节。因此，顺应学科领域集成化发展趋势，把众多相关学科的创新成果集中到一个研究领域，形成新的科学技术群是当前科学技术进步的重要特征和发展趋势，是当前科学技术领域研发的重要内容。

3. 现代科技的整体化

近年来，随着科技与经济发展的紧密结合，现代科技已经逐渐成为整个社会机体的重要组成部分，呈现出社会化、整体化的发展趋势，主要表现为科学技术的研究规模日益扩大，科学技术的研究对象日益复杂，科学技术同社会经济的联系日益密切，科学技术的社会功能日益显著。目前，现代科技进步的趋势使得现代科技的发展出现了分化和综合、以综合为主的整体化特征，主要体现在以下三个方面。一是各类新兴的学科不断出现，尤其是基础科学、技术科学、工程科学的相互结合，形成一些边缘交叉学科，并迅速成为科学技术和生产制造的关键技术，形成了新的技术领域和产业门类；二是自然科学与社会科学的相互渗透融合，以及学科之间、科学和技术之间、自然科学和人文科学之间相互交叉渗透，导致众多跨学科领域的诞生；三是不同学科、领域、环节之间的相互融合发展催生了许多全新的商业模式和技术手段，如小米科技将互联网与设计制造结合在一起形成了“众包设计”模式，实现了产品需求与设计资源的对接，提升了产品设计和技术创新的针对性。

4. 科技竞争的激烈化

随着科学技术的进步以及世界经济的逐步稳定，各国在科技创新与产业发展之间的竞争已经日益激烈化、白热化，尤其是军事领域、经济领域、科技领域、人才领域等涉及国家竞争优势和国家安全的竞争已经成为各国竞赛的主战场，而提升国家的竞争能力也成为各国开展科技合作的前提。但从现有的发展趋势来看，和平与发展仍然是当今世界的主题，经济竞争和产业竞争已经成为世界竞争的核心内容，而经济竞争的实质就是科技竞争，并突出表现为以自主创新、融合创新为主要特征的科学技术竞争和人才资源竞争。其中，原始创新能力、自主创新能力、融合创新能力已经成为国家竞争力的决定性因素，而创新人才的竞争是上述所有竞争的关键。为此，各国政府都不惜代价引进和培养关系未来科技和产业发展的创新型人才，从而不断提升国家的核心创新能力和整体竞争优势。近年来，我国武汉、南京、成都、西安等城市相继出台了人才引进政策，不断放宽人才引进的条件，降低人才准入的门槛，吸引创新人才、技术工人和管理人才落户。

## 二、国内技术进步的现状与趋势

### （一）国内技术进步的现状

一直以来，我国都十分重视科技创新投入，通过政府调节和市场行为积极引导人才、资金等创新资源和中心要素向科技创新领域集聚，使科技创新成为推动我国国民经济持续快速发展的主要动力。近年来，随着我国科技投入的不断增长、科技人才的聚集、科技成果的积累以及制造配套能力的完善，我国科技创新体系和创新能力得到显著提升，已经形成了门类齐全、梯度合理、能力较强的科技创新体系，整体科技创新能力日益提升，整体科技创新水平处于全球平均水平之上，在许多重点技术和产业领域开始赶超世界一流水平甚至处于引领发展状态，成为全球科技创新和产业发展的重要驱动力量。

1. 科技创新投入稳步增长

近年来，我国在人才、资金等资源方面不断加大科技创新投入，使得科技创新成为推动我国国民经济增长和社会发展的重要推动力。根据《中华人民共和国2017年国民经济和社会发展统计公报》，2017年我国研究与试验发展（R&D）经费支出17500亿元，比上年增长11.6%，增长速度几乎相当于GDP增长速度的两倍，其中基础研究经费920亿元。（如图3-1所示）不仅如此，我国研究与试验发展（R&D）经费支出在国内生产总值中的比重也不断上升，到2017年达到了2.12%，成为推动我国创新能力提升的重要力量。2017年，国家重点研发计划共安排42个重点专项1115个科技项目，国家科技重大专项共安排454个课题，国家自然科学基金共资助43935个项目。截至年底，累计建设国家重点实验室503个，国家工程研究中心131个，国家工程实验室217个，国家企业技术中心1276家。

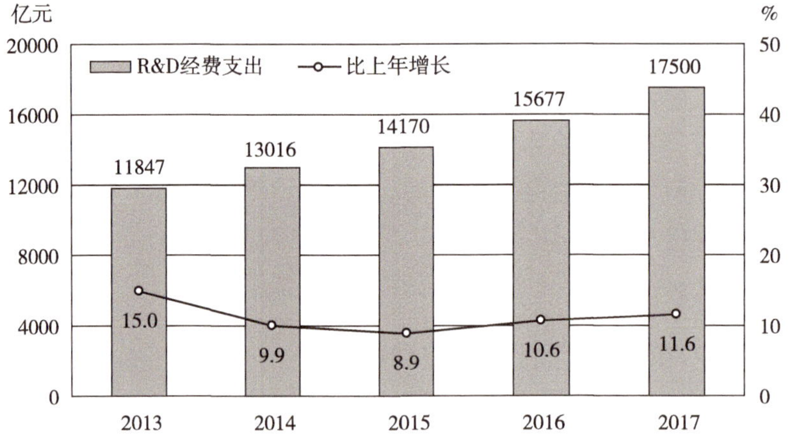


图 3-1　2013-2017 年研究与试验发展（R&D）经费支出及增长速度

2. 科技创新能力日益提升

改革开放以来，我国科技管理体制也发生历史性变革，科技创新事业取得了历史性成就，科技实力大幅增强，已成为具有全球影响力的科技大国。科技创新水平加速迈向国际第一方阵，进入三跑并存、领跑并跑日益增多的历史性新阶段。目前，我国科技创新能力显著提升，主要创新指标进入世界前列。2017年，我国国际科技论文总量比2012年增长70%，居世界第二，仅次于美国；国际科技论文被引量首次超过德国、英国，跃居世界第二；发明专利申请量和授权量居世界第一，有效发明专利保有量居世界第三。科技创新能力不断提升的同时，我国科技进步贡献率也不断提高，由2012年的52.2%升至2017年的57.5%，国家创新能力排名从全球第20位升至第17位。与此同时，我国科学家的国际影响力也得到显著提升，在诺贝尔生理学或医学奖、基础物理学突破奖、国际量子通信奖、维加奖、爱明诺夫奖等国际权威奖项上实现零的突破。

3. 创新成果应用不断提升

近年来，我国科技创新有力支撑供给侧结构性改革，实现了全面融入、主动引领经济社会发展的历史性跨越。2017年，全国技术合同成交额达1.3万亿元，高新技术企业总数超过13.6万家，研发投入占比超过全国的50%，发明专利授权量占比全国40%，上缴税费预计超过1.5万亿元，营业总收入预计超过30万亿元，增长均达到10%以上，提供就业岗位超过2500万个。目前，我国科技创新已经进入新的发展阶段，科技成果应用水平不断提升，呈现出以下几个特征。一是我国区域创新已形成梯次联动新格局。目前，我国17家国家自创区和156家国家高新区成为区域创新发展的核心载体和重要引擎，研发投入全国占比超过44.3%，新产品收入超过全国1/3，劳动生产率高于全国平均水平的3倍，其中北京中关村、武汉东湖、上海张江、广东深圳等国家自创区对所在地区GDP增长贡献率超过20%，成为我国创新发展的“领头雁”。二是科技引领新产业新动能快速成长。目前，我国硅衬底LED技术开创国际上第三条LED照明技术路线，推动产业集群快速发展；新能源汽车进入产业成长期，累计产销量已经超过160万辆，成为我国汽车工业的重要增长点之一；可再生能源发电装机突破6亿千瓦，风光储输示范工程成为全球规模最大、综合利用水平最高的新能源综合示范项目。三是人工智能、大数据、云计算等引领支撑数字经济、平台经济、共享经济快速发展。2017年，我国数字经济规模已经达到27.2万亿元，同比增长20.3%，我国网络零售交易额、电子信息产品制造规模居全球第一。由此可见，技术创新、商业模式创新与巨大市场规模有机结合，快速迭代的“中国式创新”举世瞩目，正在深刻影响和改变全球产业格局。

4. 支撑发展能力持续增强

近年来，我国科技创新力量由科研人员为主向全社会拓展，开创了大众创业万众创新的历史性新局面。一是我国企业创新主体地位显著增强。企业在全社会研发投入、研究人员和发明专利的占比均超过70%，在智能终端、无人机、电子商务、云计算、互联网金融、人工智能等领域崛起一批具有全球影响的创新型企业。目前，在全球研发投入最高的2500家企业中，中国有376家，居全球第三；2017年我国独角兽企业数量仅次于美国，居全球第二；中兴、华为在全球PCT专利申请量最大的公司中高居第一、第二位。二是我国创新生态体系已经形成。目前，我国已建成4298家众创空间、3255家科技企业孵化器和400余家企业加速器，开展41个科技创新孵化链条试点，形成从产品创意到产品生产全服务的生态体系，2017年服务创业团队和初创企业近40万家，带动社会资本投入超过930亿元，带动就业超过200万人。三是我国已经建立了完善的科技金融支撑体系。目前，我国在北京、上海、厦门等25个地区推进科技与金融结合试点，地方密集出台300多项科技金融政策文件，示范效应显著。国家科技成果转化引导基金累计设立14支创业投资子基金，中央财政投入56亿元，引导地方政府、金融机构、民间资本投资规模达247亿元。截至2017年9月，全国科技企业贷款余额2.95万亿元，存量客户8.2万户。

## （二）国内技术进步的趋势

中华人民共和国成立以来，我国十分重视科技创新和技术进步，即便在艰苦的条件下也确保重大技术创新的投入，在许多关键领域和核心技术环节取得了重大突破，形成了独立自主的科技创新能力，为建立门类齐全的产业体系和国民经济体系发挥了十分重要的作用。改革开放以来，我国对科技创新的重视程度不断加强，通过引进与培养并重汇聚了一大批科技创新人才，并在电子信息、载人航天、生物工程科技、量子通信、海洋工程等领域取得了一系列重要的科研成果，使我国的制造能力和创新能力得到了很大的提升，为我国实现制造业“由大变强”的转变打下了坚实的基础。近年来，随着全球新一代科技革命和产业变革的迅速推进，国内科技创新面临的内外部环境和形势发生了重大变化，我国制造业规模大、配套全、效率高等优势开始逐渐显现，在资金投入规模、人才团队建设、技术推广应用、技术应用效果等方面呈现出新的发展趋势。

1. 企业创新投入越来越大

在市场经济条件下，企业是技术创新的重要力量，许多跨国企业每年在创新方面的投入都超过 100 亿美元，如德国大众、美国微软和韩国三星 2017 年的研发经费分别达到 137 亿欧元、124 亿欧元和 122 亿欧元。近年来，随着我国企业市场规模的不断壮大，许多企业已经意识到技术创新对企业发展的重要性，不断重视科技创新和成果转化，因此在技术创新方面的投入越来越大，已经逐渐成为技术创新的主体。例如，2017 年华为销售收入达 6036 亿元，同比增长 15.7%，其中华为研发费用高达 897 亿元，占收入的比重达到 14.9%。据统计，过去 10 年间，华为在研发方面的累计投入已经达 3940 亿元。根据欧盟委员会的数据显示，2017 年华为的研发投入位列全球第六（见表 3.1），大规模的研发投入和强大的研发团队成为华为全球竞争力的重要支撑。

**表 3.1　全球研发投入前 20 强企业**

| 排名 | 公司 | 国家 | 研发投入 | 研发投入比重 | 2004–2017 年位次变化 |
|---|---|---|---|---|---|
| 1 | 大众 | 德国 | 137 亿欧元 | 6.3% | 上升 7 位 |
| 2 | 阿尔法贝塔 | 美国 | 129 亿欧元 | 15.0% | 上升超过 200 位 |
| 3 | 微软 | 美国 | 124 亿欧元 | 14.5% | 上升 10 位 |
| 4 | 三星 | 韩国 | 122 亿欧元 | 7.7% | 上升 29 位 |
| 5 | 英特尔 | 美国 | 121 亿欧元 | 21.5% | 上升 9 位 |
| 6 | 华为 | 中国 | 104 亿欧元 | 19.2% | 上升超过 200 位 |
| 7 | 苹果 | 美国 | 95 亿欧元 | 4.7% | 上升 97 位 |
| 8 | 罗氏 | 瑞士 | 92 亿欧元 | 19.6% | 上升 10 位 |
| 9 | 强生 | 美国 | 86 亿欧元 | 12.7% | 上升 3 位 |
| 10 | 诺华 | 瑞士 | 85 亿欧元 | 18.2% | 上升 10 位 |
| 11 | 通用汽车 | 美国 | 77 亿欧元 | 4.9% | 下降 5 位 |
| 12 | 戴姆勒 | 德国 | 75 亿欧元 | 4.9% | 下降 9 位 |
| 13 | 丰田汽车 | 日本 | 75 亿欧元 | 3.3% | 下降 8 位 |
| 14 | 辉瑞制药 | 美国 | 74 亿欧元 | 14.7% | 下降 12 位 |
| 15 | 福特汽车 | 美国 | 69 亿欧元 | 4.8% | 下降 14 位 |

续表

| 排名 | 公司 | 国家 | 研发投入 | 研发投入比重 | 2004–2017 年位次变化 |
|---|---|---|---|---|---|
| 16 | 默克美国公司 | 美国 | 65 亿欧元 | 17.2% | 上升 13 位 |
| 17 | 甲骨文 | 美国 | 58 亿欧元 | 16.3% | 上升 29 位 |
| 18 | 思科系统 | 美国 | 57 亿欧元 | 12.6% | 上升 12 位 |
| 19 | Facebook | 美国 | 56 亿欧元 | 21.4% | 上升成超过 200 位 |
| 20 | 罗伯特·博世 | 德国 | 56 亿欧元 | 7.6% | 上升 8 位 |

数据来源：欧盟委员会

2. 创新人才团队越来越强

进入二十一世纪以来，我国创新人才培养体系不断得到健全，博士硕士研究生培养体系以及博士后培养体系得到不断完善，创新人才团队越来越强。一方面，以创建世界一流大学为目标，率先在北京大学和清华大学开始实施了“985 工程”，通过机制创新、队伍建设、平台建设、条件支撑和国际交流与合作等五个方面培育了大量科研型人才，高校的集成创新能力得到不断提升。前后共有 46 所高校成为“985 工程”高校，并实施了“985 工程优势学科创新平台”。另一方面，围绕国家发展战略目标在全国范围内实施了海外高层次人才引进计划简称“千人计划”，同时各省（区、市）也结合本地区经济社会发展和产业结构调整的需要，有针对性地引进一批海外高层次人才，即地方“百人计划”。从 2008 年开始，在国家重点创新项目、学科、实验室以及中央企业和国有商业金融机构、以高新技术产业开发区为主的各类园区等，引进2000名左右人才并有重点地支持一批能够突破关键技术、发展高新产业、带动新兴学科的战略科学家和领军人才来华创新创业。2012 年 7 月 25 日，“千人计划”已引进各领域高端人才 2263 名。

3. 技术推广应用越来越快

近年来，随着我国技术进步速度的飞速发展、制造能力的不断提升以及信息网络技术的广泛应用，加速了技术研发到市场化应用的步伐，使得技术研发的市场化水平不断提高。尤其是近十年以来，随着我国新一代互联网和信息网络技术的广泛应用，技术的研发模式发生了重大变化。许多企业的技术研发不再是传统的从技术到市场，而是从市场到技术、再回到市场，以市场需求为导向，先对市场需求进行精准调研，然后再以调研的结果反向进行技术研发。以互联网企业小米为例，小米通过互联网平台对消费者期望的产品性能、价格等指标进行分析，制订技术修改和产品研究开发计划，然后采用“众筹”的方式引导研发人员进行新产品开发，最后直接将研发的技术用于产品生产中，从而最大限度地满足了消费者的真实需求。这种精准的研发模式在企业得到广泛应用，从而使技术从实验室到工厂应用的周期越来越短，技术推广应用的速度也越来越快。

4. 技术应用效果越来越好

近年来，我国产学研一体化合作水平和生产制造的配套能力不断提升，许多技术研发和产品开发都建立了以应用为导向的科技开发体系，使得我国科技成果转化的效率不断提高，技术应用的效果越来越好。根据《中华人民共和国2017年国民经济和社会发展统计公报》的数据，2017年我国国家科技成果转化引导基金累计设立了5只子基金，资金总规模达到247.2亿元。全年境内外专利申请数量达到369.8万件，授予专利权183.6万件；PCT专利申请受理量为5.1万件。截至2017年年底，有效专利数量达到714.8万件，其中境内有效发明专利135.6万件，平均每万人口发明专利拥有量9.8件。2017年，全年共签订技术合同36.8万项，技术合同成交金额13424亿元，比上年增长17.7%（详见表3.2）由此可见，随着产学研的深入推进和制造能力的不断提升，我国技术应用的效果越来越好，极大地促进了我国创新能力和制造能力的提升。

**表3.2　2017年专利申请、授权和有效专利情况**

| 指　标 | 专利数（万件） |
|---|---|
| 专利申请数 | 369.8 |
| 其中：境内专利申请 | 351.3 |
| 其中：发明专利申请 | 138.2 |
| 其中：境内发明专利 | 123.4 |
| 专利授权数 | 183.6 |
| 其中：境内专利授权 | 170.5 |
| 其中：发明专利授权 | 42.0 |
| 其中：境内发明专利 | 32.0 |
| 年末有效专利数 | 714.8 |
| 其中：境内有效专利 | 620.4 |
| 其中：有效发明专利 | 208.5 |
| 其中：境内有效发明专利 | 135.6 |

### （三）国内技术进步的特点

中华人民共和国成立以来，我国一直高度重视科学研究和科技人才培养，自然科学、工程技术领域都取得了突飞猛进的发展。尤其是改革开放四十年以来，我国不断加大技术研发投入，出台了一系列有利于促进创新能力提升和科技成果转化的政策措施，极大地促进了我国科学技术的进步，为产业发展和转型升级打下了坚实的基础。目前，我国在科技研发投入、研发创新能力、产业化水平等方面已经走在世界前列，技术进步已经成为推动我国经济社会发展的重要动力，主要呈现以下几方面的特点：

1. 创新能力明显提升

近年来，我国不断发挥国内产业发展的规模优势和科技创新的人才优势，持续加大科技创新资金的投入力度。2017 年，全年我国研究与试验发展（R&D）经费支出 17500 亿元，科研经费投入总额仅次于美国位居世界第二位，占国内生产总值的比重由 1995 年的 0.57% 上升到 2.13%。随着我国创新驱动发展战略的实施，以及科技研发投入的不断增加，我国科技创新能力得到不断提升。2016 年，我国专利申请授权数达到 175 万项，是 1995 年的 38.9 倍，根据《国际统计年鉴》的数据，2016 年我国在全球主要国家创新指数排名中位列第 22 位，比 2013 年提升了 13 位。根据《中国区域创新能力监测报告 2016–2017》的统计数据，党的十八大以来，我国区域创新能力得到显著增强，北京和上海作为全国乃至全球科技创新中心的实力和地位已初步显现，R&D 经费投入强度（R&D 经费占 GDP 的比重）分别为 6.01% 和 3.73%，达到世界领先水平。

2. 部分领域领先世界

进入二十一世纪以来，结合我国经济社会发展的需要和产业技术发展趋势，我国加大了高端科技人才的培养和引进力度，通过“引进来”和“走出去”相结合实施了一系列人才引进和培养计划，聚集了一大批高新技术研发人才和创新人才，不仅使我国在许多高新技术领域实现了突破，而且使我国基础技术研发取得了很大的成果。近两年来，我国已经在一些关键核心技术领域实现了重大突破甚至革命性的突破，成为引领当前和未来一段时期我国科技创新的重要力量。例如，我国不断加大量子通信、深海潜航等部分领域或部分环节的科技研发投入力度，已经在部分领域和部分环节取得了处于世界领先的创新成果，培养了一大批年富力强的科技人才队伍，组建了梯度透明合理、结构完善的人才团队，为我国实现中华民族伟大复兴打下了坚实的科技基础。

3. 少数环节仍受限制

长期以来，由于我国在基础科学领域的投入不足、资金投入所占的比重不高、人才储备严重不足，在很大程度上制约了我国原创性科技创新成果的发展，使得我国在集成电路、高端装备、数控机床、航空发动机等领域与西方发达国家还存在一定的差距，有的差距在短时间内还难以实现赶超。例如，我国在燃气轮机、航空发动机等领域还不具备国际竞争优势，设计能力和制造技术与美国、英国、俄罗斯等发达国家还有很大的差距；在集成电路方面，我国与美国、韩国、日本等发达国家还存在一定的代差，尤其是在集成电路发展所需的刻蚀机、光刻机等领域我国与国际先进水平还有很大的差距，因此仍然受到西方国家严重封锁和禁运，这也是2018年中美之间爆发“中兴事件”的根本原因。因此，未来我国应当进一步加大科技创新投入，尤其是加大基础研究的研发投入，瞄准部分重点领域和关键环节，不断提升我国的自主创新能力，实现我国制造业创新能力的跨越式发展。

4. 开放合作已成主流

新中国成立以来的前三十年间，由于意识形态的原因，我国经济发展和技术进步长期遭到西方国家的封锁，我国技术进步主要依靠苏联的支持，因此我国技术进步的速度较慢，制约了我国的经济增长。近年来，随着我国对外开放水平的不断提升，产业分工的国际化水平不断提升，我国产品的国际化水平越来越高，在技术研发、原料采购以及产业分工方面都已经成为名符其实的国际化产品，开放合作已经成为我国技术创新的重要内容之一。随着我国科技研发创新能力和开放合作水平的不断提升，我国已经从改革开放初期的引进消化吸收再创新转变为联合研究开发、以我为主的自主创新、集成创新等模式，而且在许多领域（量子技术、载人航天等领域）的科技研发已经占据了全球主动权和主导权。由此可见，开放合作已经成为我国技术创新的主流趋势，科技研发领域开放合作水平的提升，也为我国技术创新提供了强有力的动力支撑。

## 三、河北技术进步的现状与趋势

### （一）河北技术进步的现状

河北是我国华北地区重要的人口大省、经济大省和资源大省，具有临近北京和天津两大科研基地的区位优势。近年来，河北充分发挥自身科技资源优势和区位优势，不断加大科技研发投入力度，积极引进人才、资金、技术和产业，大力兴建各类高新技术产业园区、大学科技园区、创业创新基地等园区，极大地带动了科技研发能力和制造能力的提升，有力地促进了河北的产业结构调整和就业规模扩张。

1. 总体科研实力

近年来，河北不断依托自身以及北京、天津两地的科研资源，不断加大科研和成果转化投入，已经形成了较为完善的科研及成果转化体系，促进了河北省科研总体实力的提升。2017 年，河北省建设省级及以上企业技术中心 547 家、工程技术研究中心 300 家、重点实验室 116 家，同时河北省还建立有地震台站 25 个，地震遥测台网 73 个，海洋观测站 8 个，测绘部门审核地图 43 件，省级地质环境监测站 1 个，科研基础能力得到不断提升。近年来，河北省不断组织实施科研活动，推动科技成果转化，科技研发和成果转化取得了丰硕的成果。到目前为止，先后组织实施的国家和省高新技术产业化项目 693 项，其中在建国家重大专项和示范工程项目 54 项，新增国家重大专项和示范工程项目 7 项。截至 2017 年年底，河北省共有产品检测实验室 1907 个，省级及以上检测中心 71 个，产品、体系和服务认证机构 3 个，全年完成强制性产品认证企业 3195 个，法定计量技术机构 180 个，全年强制检定计量器具 408.7 万台（件）。在提升科技研发能力的同时，河北省不断加强科技成果相关法律法规建设，制定、修订了省级地方标准 247 项，为科技创新能力的提升提供了法律保障。

2. 研究机构情况

河北省高等教育发展起步较早，到目前为止已经建立了完善的从中专、大专、本科、硕士研究生到博士研究生的人才培养体系。到 2017 年为止，河北省共有普通高等学校 121 所，招生规模达到 39.2 万人，在校学生人数达到 126.9 万，其中燕山大学、河北科技大学、河北工业大学、河北大学、石家庄铁道大学等一系列高等院校具有较强的研究生培养能力。2017 年，河北省研究生教育招生1.7万人，比2016年增长18.6%；在学研究生4.6万人，比2016年增长9.5%；毕业生1.3万人，比2016年增长1.3%。不仅如此，由于河北省位于京津冀的全境，能够享受到北京、天津两大直辖市的高等院校的辐射效果，北京、天津两地著名高校林立，科研院所众多，人才资源丰富，每年有大量北京、天津等地的毕业生会流入到河北地区工作。2017年11月24日，由北京市科学技术研究院、天津市科技协作促进会、河北省科学院、清华大学公共管理学院四家单位共同发起的“京津冀科研院所联盟”在保定市成立，该联盟共吸引了91家机构加入，其中科研院所51家、高校29家、企业11家，这些科研院所将在很大程度上促进河北科研水平的提升。

3. 资金投入力度

近年来，随着经济的持续快速发展和财政收入的快速增长，河北省不断加大了科技研发的投入力度，研发资金呈快速增长的趋势。2017年，河北省共投入研究与试验发展（R&D）经费452.0亿元，比上年增加68.6亿元，增长17.9%；研究与试验发展（R&D）经费投入强度（与地区生产总值之比）达到1.33%，比上年提高0.13个百分点。分活动类型看，河北省用于基础研究的经费为10.5亿元，比上年增长30.1%；应用研究经费为38.0亿元，增长13.7%；试验发展经费为403.6亿元，增长18.0%。基础研究、应用研究和试验发展占研究与试验发展（R&D）经费总量的比重分别为2.3%、8.4%和89.3%。分活动主体看，各类企业研究与试验发展（R&D）经费为378.3亿元，比上年增长15.9%；政府属研究机构经费为48.8亿元，增长27.1%；高等学校经费为21.0亿元，增长32.3%。企业、政府属研究机构、高等学校经费所占比重分别为83.7%、10.8%和4.7%。分产业部门来看，研究与试验发展（R&D）经费超过10亿元的行业大类有8个，这8个行业经费占全部规模以上工业的比重达77.0%；研究与试验发展（R&D）经费投入强度（与主营业务收入之比）超过1%（不含）的行业大类有10个（详见表3.3），研究与试验发展（R&D）经费投入强度超过规模以上工业企业平均水平的行业大类有13个[①]。

① 河北省科技厅，2017年河北省科技经费投入统计公报，：2018年11月12日

**表 3.3　2017 年河北省分行业规模以上工业法人单位 R&D 经费情况**

| 行　业 | R&D 经费（亿元） | 投入强度（%） |
|---|---|---|
| 全省 | 351.0 | 0.84 |
| 采矿业 | 12.7 | 0.71 |
| 煤炭开采和洗选业 | 9.9 | 0.93 |
| 石油和天然气开采业 | 2.7 | 1.77 |
| 黑色金属矿采选业 | 0.1 | 0.01 |
| 有色金属矿采选业 | 0.0 | 0.00 |
| 非金属矿采选业 | 0.2 | 0.37 |
| 开采辅助活动 | 0.0 | 0.00 |
| 其他采矿业 | 0.0 | 0.00 |
| 制造业 | 336.7 | 0.90 |
| 农副食品加工业 | 4.4 | 0.24 |
| 食品制造业 | 5.4 | 0.55 |
| 酒、饮料和精制茶制造业 | 3.3 | 0.74 |
| 烟草制品业 | 0.0 | 0.00 |
| 纺织业 | 2.5 | 0.19 |
| 纺织服装、服饰业 | 1.2 | 0.37 |
| 皮革、毛皮、羽毛及其制品和制鞋业 | 1.0 | 0.08 |
| 木材加工和木、竹、藤、棕、草制品业 | 0.6 | 0.27 |
| 家具制造业 | 0.7 | 0.35 |
| 造纸和纸制品业 | 0.9 | 0.26 |
| 印刷和记录媒介复制业 | 0.8 | 0.28 |
| 文教、工美、体育和娱乐用品制造业 | 0.7 | 0.23 |
| 石油加工、炼焦和核燃料加工业 | 4.0 | 0.20 |
| 化学原料和化学制品制造业 | 22.0 | 0.98 |
| 医药制造业 | 21.3 | 2.27 |
| 化学纤维制造业 | 4.4 | 1.67 |
| 橡胶和塑料制品业 | 5.5 | 0.58 |
| 非金属矿物制品业 | 9.1 | 0.52 |
| 黑色金属冶炼和压延加工业 | 106.9 | 0.97 |
| 有色金属冶炼和压延加工业 | 2.0 | 0.45 |

续表

| 行　业 | R&D 经费（亿元） | 投入强度（%） |
| --- | --- | --- |
| 金属制品业 | 9.0 | 0.40 |
| 通用设备制造业 | 7.4 | 0.71 |
| 专用设备制造业 | 14.9 | 1.27 |
| 汽车制造业 | 58.4 | 2.30 |
| 铁路、船舶、航空航天和其他运输设备制造业 | 10.4 | 2.34 |
| 电气机械和器材制造业 | 24.8 | 1.29 |
| 计算机、通信和其他电子设备制造业 | 11.7 | 2.60 |
| 仪器仪表制造业 | 1.8 | 1.96 |
| 其他制造业 | 0.4 | 0.79 |
| 废弃资源综合利用业 | 0.1 | 0.08 |
| 金属制品、机械和设备修理业 | 1.1 | 5.59 |
| 电力、热力、燃气及水生产和供应业 | 1.5 | 0.05 |
| 电力、热力生产和供应业 | 0.6 | 0.03 |
| 燃气生产和供应业 | 0.8 | 0.34 |
| 水的生产和供应业 | 0.0 | 0.06 |

从各地市的投入情况来看，河北省各地区研究与试验发展（R&D）经费投入总量最大的是石家庄市、唐山市和保定市，研发经费投入分别为 127.7 亿元、82.2 亿元和 74.5 亿元，最低的是张家口市和承德市，研发经费投入分别为 6.3 亿元和 9.2 亿元。从投入强度来看，全省研发费用投入强度为 1.33%，其中保定市和石家庄市的研发投入强度最高，分别为 2.38% 和 2.23%，最低的是张家口市，投入强度仅为 0.44%。（详见表 3.4）

**表 3.4　2017 年河北省各地区研究与试验发展（R&D）经费情况**

| 地　区 | R&D 经费（亿元） | R&D 经费投入强度（%） |
| --- | --- | --- |
| 全 省 | 452.0 | 1.33 |
| 石家庄市 | 127.7 | 2.23 |
| 唐山市 | 82.2 | 1.26 |
| 秦皇岛市 | 17.8 | 1.18 |
| 邯郸市 | 35.5 | 1.05 |
| 邢台市 | 22.1 | 1.06 |

续表

| 地　区 | R&D 经费（亿元） | R&D 经费投入强度（%） |
|---|---|---|
| 保定市 | 74.5 | 2.38 |
| 张家口市 | 6.3 | 0.44 |
| 承德市 | 9.2 | 0.63 |
| 沧州市 | 23.2 | 0.64 |
| 廊坊市 | 40.7 | 1.41 |
| 衡水市 | 11.4 | 0.75 |

4. 科技成果水平

近年来，河北省不断加大科技研发投入和高端人才引进力度，科技创新能力不断提升，成为推动河北经济社会发展的重要动力之一。目前，河北省科技创新能力不断增强，在成果数量、类型分布、国际化水平、来源结构等方面出现以下几方面特征。一是科技成果数量不断增长。2017 年，河北省专利申请受理量 61303 件，授权量 35348 件，分别比 2016 年增长 11.8% 和 11.1%。截至年底，有效发明专利 21499 件，增长 36.5%。2017 年，河北省全省共登记科技成果 2961 项，大专院校和医疗机构是科技成果的主要完成单位。二是成果类型以应用技术为主。科技成果主要以应用技术类成果为主，主要分布在卫生和社会服务业、农林牧渔业、制造业等领域，2017 年登记应用技术类成果 2759 项，占登记总数的 93.08%；而登记软科学类成果 40 项，仅占 1.35%，登记基础理论类成果 162 项，仅占 5.47%。三是成果结构水平较高。从现有研究成果来看，科学技术成果研究水平达到国际领先水平成果 21 项，占总数的 0.71%；国际先进水平成果 143 项，占总数的 4.83%；国内领先水平成果 1744 项，占总数的 58.90%；国内先进水平成果 336 项，占总数的 11.35%，未进行评价成果 717 项，占总数的 24.21%。四是成果来源分布广泛，全方面科研体系基本形成。从科技成果来源构成来看，2017 年登记的科技成果中，包括国家计划（科技部计划和国家自然基金）、国家其他部委计划、地方计划（含河北省科技厅计划和省自然基金）、省直部门计划以及各市（含定州、辛集）等在内的计划内项目登记成果 2553 项，占 86.22%；计划外项目登记成果 408 项，占 13.78%（详见表 3.5）

**表 3.5　国家、部委、省级及省直部门、设区市计划内项目成果登记情况**

| 国家、部委、省级及省直部门计划 | 成果登记数（项） |
|---|---|
| 国家计划 | 2 |
| 部委计划 | 1 |
| 地方计划 | 181 |
| 河北省自然科学基金 | 7 |
| 河北省教育厅 | 56 |
| 河北省卫生和计划生育委员会 | 595 |
| 河北省交通运输厅 | 82 |
| 河北省中医药管理局 | 295 |
| 河北省住房和城乡建设厅 | 4 |
| 河北省质量技术监督局 | 58 |
| 河北省水利厅 | 10 |
| 河北省林业厅 | 9 |
| 华北油田管理局 | 7 |
| 河北省农业厅 | 8 |
| 河北省畜牧兽医局 | 1 |
| 河北省农作物品种审定委员会 | 7 |
| 河北省金属学会 | 5 |
| 河北省工业和信息化厅 | 41 |
| 中华人民共和国国家知识产权局 | 8 |
| 河北省软件测评中心 | 1 |
| 各市 | 1175 |
| 合计 | 2553 |

资料来源：河北省科技厅，河北省科技厅发布 2017 年河北省科学技术成果统计公报，2018 年

## （二）河北技术进步的趋势

近年来，河北省出台了一系列支持科技研发的扶持政策和资助计划，为提升河北科学研究水平和创新能力提供了保障。如 2019 年 2 月，河北省政府办公厅印发《河北省推动科技服务业高质量发展实施方案（2019–2022 年）》（以下简称“方案”），提出要在 2020 年使河北的科技服务市场化水平得到明

显提升，显著加强河北省服务科技创新和转型发展的能力，基本形成覆盖科技创新全链条的科技服务体系。在高端研发、创业孵化、工业设计等重点领域，集聚50家具有影响力的科技服务龙头企业和机构，培育科技服务业领域高新技术企业400家，建设20个高质量科技服务集聚区，科技服务业主营业务收入达到3000亿元，成为全省经济重要增长点。

1. 打造创新创业服务新引擎

目前，河北省在科技创新方面主要思路是加快各类高水平研发机构建设，瞄准世界科技前沿，强化基础研究，提升原始创新能力，催生一批引领性、原创性的重大技术成果。为此，将从以下几个方面打造创业创新服务引擎：一是打造创业创新平台。大力促进创新创业平台服务升级，引导创业孵化机构向专业化、精细化发展，提升科技创新的中介服务水平和创新资源整合能力。二是完善创业创新服务。以市场需求为导向，支持创业孵化机构围绕高技术含量的尖端科技和前沿科技领域，聚焦一批前沿技术和高新技术，强化面向“硬科技”的创业孵化服务。三是完善创业创新生态链。加快工业设计创新中心、工业设计园区、创意设计小镇建设，培育发展外观设计、产品设计、时尚设计、品牌设计四条设计产业生态链。四是推动企业做大做强。扶持壮大一批设计服务品牌企业，加强设计基础研究和设计工具研发，支持建设设计公共服务平台。

2. 构建专业科技服务新优势

科技中介服务是推动科技创新和科技成果转化的重要力量。近年来，河北省大力支持专业科技服务机构发展，积极构建专业科技服务新优势，为河北科技创新和成果转化营造良好的环境。鼓励技术转移机构创新服务模式，为企业提供跨领域、跨区域、全过程的技术转移集成服务，推动技术转移服务机构从“点对点”服务向综合服务模式升级；加快推进重大平台建设，构建京津冀一体化的技术市场，形成“京津研发、河北转化”新模式。建立河北省科技金融服务平台，为科技型企业提供一站式、个性化服务，强化科技金融服务产品创新，支持民营企业通过股权、债权及证券化融资，做大做强省成果转化引导和创业投资基金。加快发展知识产权代理、法律、信息等基础服务，大力发展知识产权评估、价值分析等高附加值服务。以集聚服务主体、延伸服务链条为重点，推动检验检测认证服务由单一的测试、分析和认证，向全产业链、产品全生命周期的创新检测技术集成延伸。鼓励科技咨询机构开展数据存储、分析、挖掘和可视化技术研究，加强行业数据库、知识库建设，探索运用新技术、新方法、新模型，开展网络化、集成化的科技咨询和知识服务。

3. 不断培育跨界融合新业态

当前，随着新一轮科技革命的兴起，不同领域、不同技术和不同商业模式之间的融合发展已经成为技术创新和产业发展的重要趋势。顺应新一代信息技术发展趋势，以市场需求为导向，超前布局和多点突破，不断加强大数据、云计算、人工智能、物联网、车联网等新一代信息技术与科技服务业的融合应用，积极探索发展线上线下融合服务（O2O）、第三方云平台服务等新业态新模式。要加大新技术研发创新投入力度，加强关键核心技术攻关，加快构建科技服务共性技术支撑体系和标准规范体系，支撑科技服务业数字化发展。要进一步加快引进和培育平台型科技服务机构，整合相关科技服务资源和创新资源，实现综合科技服务供需精准匹配。要支持科技服务机构聚焦优势领域，参与或主导建设基于互联网、大数据等新技术应用的第三方、第四方科技服务平台。

4. 积极探索产学融合新模式

高等院校和科研院所是人才资源、创新资源最为密集的地方，是科技创新的重要阵地，是技术进步的重要来源。近年来，河北开始深度挖掘京津冀地区科技资源对促进产业发展的作用，依托京津冀地区的科研院所和高等院校兴建各类产学研基地，探索产学研融合的新模式，极大地缩短了实验室和生产线的距离，提升了科技成果转化的效率。例如，燕山大学依托自身人才、科技成果等综合治理资源优势，在秦皇岛国家经济技术开发区内建立了燕山大学国家大学科技园；河北大学以其综合性学科、人才和科研成果为基础，在保定市建立了河北大学科技园，重点发展原创科技、推动科技成果转化。目前，这些大学科技园区已经成为河北省大学生创业创新、知识产权服务、投融资服务、成果信息展示、成果孵化的重要平台，为河北科技创新和技术进步提供了重要支撑。

## （三）河北技术进步的特点

近年来，在新一轮科技革命和产业变革趋势的带动下，河北科技创新和产业发展的压力不断加大，但同时科技进步的速度也不断加快，已经成为带动河北经济社会持续快速发展的重要动力。目前，河北在自身科技发展基础上实现了科技进步的快速发展，技术进步主要表现出以下几方面特点。

1. 具有依托京津两地的科研优势

河北位于我国华北地区，具有临近北京市和天津市两大直辖市的区位优势，而这两大直辖市具有众多高校和科研院所，其中北京有北京大学、清华大学、北京航空航天大学、北京理工大学等为代表的一批世界一流高校，中国科学院、中国工程院、中国农业科学院、中国社会科学院等在内的科研院所，以联想、小米、百度等为代表的研发实力较强的新一代信息类科技企业，以及号称中国硅谷的北京中关村科技园区，每年获国家奖励的成果占全国的三分之一，为河北科技研发营造了良好的氛围。近年来，随着京津冀一体化的推进和北京非首都核心功能的疏解，北京和天津的产业开始往河北等地转移，使得北京和天津的科技研发、人才培养、成果孵化等资源开始向河北等地辐射，从而导致了河北科技研发实力、产业创新能力、成果孵化能力得到不断提升。

2. 自身科研实力增长空间大

河北省本身的科技资源相对较弱，在全国几乎没有较为有影响力的高等院校和科研院所，都是一些传统的高校和科研院所，就连省内唯一的一所“211”工程大学——河北工业大学也位于天津，大部分毕业生都愿意留在天津以及在北京就业，使得河北省自身的科技实力较弱。目前，广大东部沿海地区都在发挥自身产业优势引进各类高校和科研院所，如深圳引进了北京大学深圳研究生院、清华大学深圳研究生院、哈尔滨工业大学深圳研究生院、北理莫斯科大学、南方科技大学等一大批世界一流高校，宁波引进了英国诺丁汉大学、中国科学院宁波材料研究所和上海交通大学人工智能研究院等高校和科研机构，苏州引进了西交利物浦（国际）大学等。由此可见，河北省可以借鉴深圳、宁波和苏州等城市发展高等教育和培育创新能力的经验，通过培育和引进并举，依托其沿海、比邻京津两地的区位优势，发展一大批具有世界影响力的高等院校和科研院所。

3. 科研创新发展迎来战略机遇期

近年来，党中央国务院统筹谋划，为疏解北京的非首都核心功能做了大量工作，尤其是对京津冀的产业结构进行优化和布局，重点之一就是打造以雄安新区为主的总部经济基地，并将其上升为国家级新区，培育成为京津冀地区创新驱动发展的新引擎，这为河北科技研发能力和创新要素资源集聚的提升带来了千载难逢的发展机遇。随后，清华大学、北京大学、中国科学院等高校和科研院所纷纷表态要到雄安新区设立分支机构和办学，而许多央企及其所属的科研机构也将随之搬迁至雄安新区，从而为提升河北省科技创新能力和人才培养能力奠定了坚实的基础。目前，河北省正以雄安新区建设为契机，不断加强基础设施建设投入，提升人才资源集聚、科技创新资源集聚水平，将雄安新区打造成为京津冀地区人才资源高地和科技创新高地。

4. 结构性改革步伐正在不断加快

近年来，随着供给侧结构性改革的推进，河北省加大了低端产能化解、环境污染整治的力度，痛下决心削减了钢铁、水泥领域的低端、过剩、落后产能，从而实现了河北产业结构的优化升级。在产业结构调整的过程中，河北通过大力推进结构性改革，实现了研发能力的提升和研发结构的优化，从而有效推动了河北产业的高质量发展。一方面，随着环境保护、节能减排等标准的提升，河北企业引进了大量的高新技术、设备和管理模式，从而为河北企业科技成果的转化和应用、创新能力的提升打下了良好的基础。另一方面，为了弥补低端过剩产能化解所引起的产业空心化风险，河北在保定、廊坊等地建立了多个高新技术园区、科技成果孵化园以承接京津两地高新技术和高科技产业的转移，并通过雄安新区的建设大量引进高校、科研院所、央企总部和研发机构，从而促进了河北科技创新实力的提升以及科技创新的领域和结构的优化。

## 四、技术进步对农民工的影响

### （一）技术进步对农民工的积极作用

技术进步是产业发展和社会进步的重要动力，技术的进步在很大程度上也会对就业产生重大而积极的影响。对我国广大农民工而言，技术的发展与进步将会极大地促进生产效率的提升、收入水平的增长和就业方式的改变。

1. 生产效率显著提升

企业的技术进步涉及技术模式的创新、生产流程的改进、机器设备的进步以及人力资本的提升多个方面。在很大程度上，技术进步不仅能够使企业获得新的机器设备和生产手段，而且能够使企业获得新的生产工具和生产模式，推动工厂的物质技术变革、新产品研发，进而推动劳动生产率和核心竞争力的提升。从目前来看，企业技术的进步主要有三种途径，一是通过结合企业自身实际而开展的研究与开发，从而提升企业的专利数量、非专利技术水平，如华为通过加强在5G领域的技术研发，已经带领中国走在全球5G通信技术的最前沿；二是通过引进外部的先进技术进行消化吸收，从而促进企业技术水平的跨越式发展，如我国早期汽车产业的发展都是通过“市场换技术”的方式引进德国大众、日本丰田等国外先进的技术和管理经验，从而使得我国汽车制造技术水平实现跨越式发展；三是本国高新技术的产业化应用，从而实现科学向技术的转化，如我国通过加大量子科学领域的研发和产业化应用，使得我国已经在全球量子通信领域处于领先地位。因此，企业的技术进步不仅表现为机器设备和生产流程的变化，而且涉及这种变化所带来的生产过程的完善和生产的不断增长，从而推动企业生产效率的不断提高。

2. 收入水平快速提升

一般而言，企业的生产效率与员工的收入水平之间具有十分紧密的联系，企业的生产效率越高，员工的收入水平也就越高，反之，企业的生产效率越低，员工的收入水平就越低。如前所述，随着企业技术水平的提升，企业的生产效率将会不断提高，这在很大程度上将促进员工收入水平的提升，这也是企业技术进步和产业升级给广大农民工带来的直接好处。从对河北省唐山市的调研发现，随着河北省淘汰低端产能、落后产能和过剩产能相关政策的贯彻落实，许多企业对生产设备进行了大规模的改造和升级，大量引进自动化水平较高、环保节能性能水平较好的先进技术和设备，使得员工的用工数量明显降低，不仅使企业的劳动生产率和生产效率得到明显提升，而且企业在员工工资方面的总支出下降，但是单个员工的收入水平普遍提升了10%左右。

3. 就业方式明显改变

技术进步与劳动就业方式之间具有紧密的联系，一定的科学技术水平决定相应的生产组织形式和劳动就业方式。在传统农业社会，农业生产技术水平较低，几乎全是靠人力和畜力进行劳动，劳动产出水平也比较低；在现代工业社会，大量电力能源和机器的引入使工人逐渐从体力劳动中解脱出来，主要从事机器操作等工作，劳动生产率大大提升；在现代信息社会，自动化智能化技术的广泛应用使得人类彻底从体力劳动中解脱出来，专注于高附加值的环节。课题组在河北省唐山市河钢集团唐钢公司的生产线调研发现，由于企业大量引进自动化生产设备，一线生产车间已经几乎变成了“无人车间”，企业绝大部分员工只需要坐在带有空调的中控室中进行监控和操控即可，遇到问题也在中控室内进行调整，从而改变了以往汗流浃背、环境恶劣而且危险重重的工作场面。

4. 工作环境明显改善

企业的工作环境是企业技术得到充分发挥和应用的重要保障，因此企业的工作条件与企业的技术水平之间具有紧密的联系。一般而言，传统的劳动密集型企业工作条件和工作环境大都比较差，而现代的技术密集型和知识密集型企业的工作条件和工作环境大都比较好，而且企业的现代化水平越高，企业工作环境越好，工人工作的安全系数和舒适度也越高。因此，产业升级和技术进步的过程，也往往伴随着企业工作环境的改善，这也是技术进步和产业转移对农民工工作环境的重要影响之一。近年来，随着河北省大力化解过剩产能和淘汰低端落后产能，许多企业加大技术改造和产业升级的投入力度，工业生产的技术水平得到明显提升，许多脏、乱、差的作坊式工作场所基本被现代化生产车间所取代，工人的工作环境得到明显改善。

## （二）技术进步对农民工带来的挑战

当然，技术进步在促进劳动生产率提升、改善农民工就业环境、增加农民工收入的同时，也会对广大农民工的就业需求产生一定的影响。随着产业技术的快速进步，农民工的用工数量会随之减少，对农民工技术和技能等方面的要求将随之提升，从而给农民工就业带来巨大的挑战。

1. 用工数量不断减少

技术进步与劳动力需求之间具有很强的关联性，一般而言，企业的技术水平越低，劳动生产率就越低，对劳动力的需求就越高，而企业的技术水平越高，劳动力生产率就越高，对劳动力的需求就越低。企业技术进步对劳动力需求的影响主要表现在以下两个方面，一方面，技术进步能够让企业以更少的劳动力投入生产既定数量甚至更多数量的产品，从而减少劳动力的需求量，例如二十世纪九十年代我国钢铁企业技术革新实现自动化生产后大幅度减少工人需求数量；另一方面，技术进步使企业的生产成本下降，产品销量上升，产出规模不断扩大，从而使劳动力需求量增加，例如二十一世纪初我国广东出口贸易增加后对劳动力需求激增，并在一定时期内出现了“用工荒”现象。但是，对于单个企业而言，企业技术水平的提升将会促进劳动生产率的提升，从而对劳动力的需求也将逐渐减少。

2. 素质要求不断提升

企业技术进步是一个较为复杂的系统工程，涉及机器设备的更新、生产流程的改进以及员工素质的提升，而且员工的素质与机器设备和生产流程的匹配程度是技术进步成功的重要内容，更是决定技术进步成功的重要标志。对广大员工而言，要更好地适应企业技术的进步，适应新技术的应用、新机器的运营和新管理模式的变化，对自身的学历、知识、经验、技术能力提出了更高更加严格的要求。一般而言，随着产业的技术进步和流程改造，企业往往会淘汰大量的员工，而这些员工都是以学历水平较低、工作经验较少、整体素质较差的员工为主，农民工往往首当其冲受到因技术进步裁员的影响。因此，技术进步对企业的用工要求和选人标准更加严格，也会对农民工就业的数量和质量产生更加直接的影响，这也与本课题在河北省多地调研所得出的结论相符。

3. 体力劳动大幅减少

人类技术进步的过程，就是不断提升生产活动自动化、信息化、智能化水平而减少劳动力使用数量、降低劳动强度的过程，因此企业的技术进步会大幅减少对体力劳动的需求。近年来，随着各地对低端落后产能淘汰力度的加强，许多企业都倾向于引进先进的技术和设备、改进生产流程，从而减少劳动力的需求，尤其是对体力劳动的需求。如前所述，课题组在四川省某县的实地调研发现，随着“退城入园”政策和节能减排措施的落实，大量企业都引进了更加先进、更加环保的自动化生产线，整个生产线几乎已经不需要体力劳动，所有员工大都是从事技术含量较高的脑力劳动，而且员工的工作环境和工资待遇水平也都有了质的飞跃。因此，伴随着企业的技术进步和自动化设备的应用，不仅会减少大量的劳动力需求，而且会减少劳动过程中的体力消耗。

4. 群体分化逐步加剧

产业技术的进步对劳动力的需求将产生深刻的影响，由于技术进步将使得劳动力的需求减少并对劳动力素质要求提升，从而使不同劳动力群体之间的分化将不断加剧。一方面，对于能够适应产业技术进步的技术工人而言，由于能够继续在新的产业技术环境下工作，不仅能保证有稳定的工资收入，而是工资收入水平和待遇还将随着技术的进步和产出的增长而不断提升，个人发展具有成长的空间；另一方面，对于大量无法适应产业技术进步的劳动力而言，由于技术进步将导致这部分劳动力失去就业机会，这部分劳动力的收入将迅速减少，个人将面临就业和生活方面的巨大压力。因此，技术进步将会使得劳动力逐渐出现严重的分化，不同群体之间的分化将使得两个群体之间的“马太效应”更加严重，而收入差距的不断扩大甚至可能演变成为社会不稳定的因素。

# 第四章
# 新时代产业转移与农民工就业

## 一、国际产业发展的现状与趋势

### （一）国际产业发展现状

产业国际转移是世界经济发展和产业结构调整的重要特征，也是全球产业分工体系深化的重要内容。迄今为止，随着世界经济的调整和升级，全球已经发生了三次全球性的产业转移。第一次产业转移发生在二战后，美国为了遏制和对抗以苏联为首的社会主义阵营，在欧洲、日本等国实施了“马歇尔计划”，推动欧洲经济复兴，将大量的装备制造、化工等产业转移向日本、欧洲。第二次产业转移发生在二十世纪七十年代，欧洲、日本和美国的电子信息等产业开始往韩国、中国台湾、新加坡等国家和地区转移，这个过程中促进了韩国、中国台湾等地制造业的发展，从而诞生了“亚洲四小龙”。第三次产业转移发生在二十世纪八十年代，中国台湾、日本、韩国等国家和地区的制造业开始往劳动力优势比较突出的中国沿海地区转移，从而促进了中国沿海地区制造业的快速发展。目前正在发生的第四次国际产业转移始于2008年全球金融危机以后，我国国内的产业开始出现了“双转移”的趋势。一方面，受发达国家“制造业回归”战略的影响，部分资本密集型和技术密集型的高端制造业开始往日本、美国、欧洲等发达国家和地区回流；另一方面，大量劳动密集型的中低端制造业往劳动力资源较为丰富的东南亚、南亚、非洲等欠发达国家和地区转移。目前，国际产业转移呈现出新的特征，主要表现在规模不断扩大、结构层次不断提高、转移方式不断创新等，转移过程中又呈现出整体迁移化、产业集聚化、区域内部化等新趋势。

1. 受金融危机影响仍未消除

2008年，美国房地产领域出现了危机，逐渐引起美国金融业的动荡，演化成全球性的金融危机，给世界经济造成了巨大损失。在应对危机方面，美国政府一改过去不干预市场的惯例，通过直接购买美国国债和“两房”债券等量化宽松手段，向市场注入无限流动性，使得危机很快见底，同时也导致了全球性的通货膨胀。但是，这种干预市场的后遗症并未立即消失，国际金融危机的深层次影响仍未得到根除，许多大宗商品的价格仍然保持在较高水平，这对全球产业发展造成了深刻的影响。一方面，受全球大宗商品价格持续较高的影响，全球实体经济和制造业的成本被推高，导致实体经济发展竞争力减弱；另一方面，世界经济是一个相互影响的整体，金融危机的爆发以及在全球的传递使得各国对全球化产生了一些敬畏，甚至在某种程度上减缓了全球化的步伐。

2. 长期保持中低速增长态势

由于受 2008 年全球金融危机巨大破坏的影响，世界主要经济体的复苏都比较乏力，许多国家和地区甚至还未完全走出金融危机的阴影，导致全球经济长期保持在中低速增长阶段。2008–2018 年间，全球经济的平均增长速度远远低于 1998–2008 年间经济增长的平均水平，处于中低速增长的水平。2018 年，全球经济增长速度为 3.7%，达到了 2008 年全球金融危机以来世界经济增长的最高点，逐渐由中低速增长转变为中速增长。预计到 2019 年，受美国贸易保护主义抬头、英国脱欧等因素的影响，美、欧、日经济将面临周期性下滑，贸易放缓幅度将大于经济放缓。不仅如此，由于受美国贸易战的影响，全球产业链的配置也发生了改变，世界经济增长的不确定性加大，许多企业家不敢做中期以上的投资，导致今年来全球投资增长速度明显放缓。2018 年，全球的外国直接投资（FDI）总额下降了 0.27 万亿美元，降至 1.2 万亿美元，同比下降了 18%。

3. 产业两头转移现象较明显

一直以来，产业转移与劳动力供给、产业配套能力、区位条件、能源资源供给能力等共同构成的投资环境息息相关，企业往往倾向于向劳动力廉价而丰富、产业配套较为完善、物流交通条件较好、能源资源供给充足的地区转移。但是，近年来随着新一代信息技术的发展进步和新一轮科技革命的兴起，全球产业转移也出现了新的变化趋势，产业“两头”转移现象较为明显，给我国制造业发展带来了双重压力。一方面，绝大部分制造业仍然按照传统的产业转移路径，以追求利润最大化和成本最小化为目标，由劳动力成本较高的地区向劳动力资源丰富而成本较低的地区转移，如我国广东、福建等地的纺织服装产业开始大规模向越南、泰国、印度等东南亚、南亚国家转移；另一方面，随着自动化、智能化水平的提升，许多资本密集型、技术密集型产业开始往技术水平较高、劳动力成本较高且素质较好、更接近消费市场的发达国家回流，如苹果 iPhone 代工厂富士康计划在美国投资 100 亿美元扩大液晶面板制造规模。

4. 区域产业集聚现象较显著

无论是发达国家还是发展中国家，产业转移过程中都出现了向特定国家的特定区域集聚的特征，从而形成许多各具特色的地方产业集群。从一国内部来看，跨国公司进入东道国之后，通常倾向于在该国某些特定区域集中。根据联合国贸发会议的研究，外商投资在东道国国内的区域集中具有普遍性。在日本，4/5 的外国分支机构集中在东京市区，它们占所有外国分支机构销售总额的 90% 左右；在美国，加利福利亚、纽约、得克萨斯、伊利诺斯和新泽西州 5 个州的外国分支机构占了全美外国分支机构的一半；泰国的罗勇府、曼谷和春武里集中了泰国一半以上的外商投资，中国的东部沿海承接了近 90% 的外资份额，墨西哥的外资主要集聚在与美国交界的各州和中部各州。从产业层面来考察，不同技术水平下的制造业的外商直接投资都有不断集中的趋势，并且技术水平越高，地理集中程度越高。从产业价值链条来看，虽然产品内分工的出现及发展导致全球生产过程的片断化（Fragmentation）和跨国界进行地理上的重新配置，使得各个价值环节在全球空间上呈现离散分布格局，但是分离出去的各个价值片段一般都集聚在世界上的特定地区。为此，我国在依托成本优势、环境优势、资源优势和区位优势的基础上，应着力打造若干产业集群。同时，应注重发挥原有产业集群的优势，通过进一步地承接有色金属深加工、石油化工、汽车及机械制造等国际国内产业集群，延伸产业链长度，提升产业附加值水平，把原有产业集群规模做大。

5. 跨国公司成产业转移主体

跨国公司已成为国际贸易、国际投资和国际产业转移的主要承担者。当前，国际产业转移是跨国公司国际直接投资发展的结果。据联合国贸发会议统计，在全世界的生产中，跨国公司控制了 40%，在全球的国际投资、国际技术贸易、国际技术转让和科研开发中，分别有 90%、60%、80% 和 90% 是在跨国公司之间进行的，跨国公司已成为技术、知识国际传递的主要载体。跨国公司依据自身经营策略所实施的全球战略布局，已经成为国际产业转移的重要推动力量。20世纪九十年代以前，许多跨国公司大多是自己开展主要业务，只转移部分劳动密集型加工装配环节到海外；进入二十世纪九十年代以后，跨国公司开始挑战产业发展的重点，主要集中在核心业务领域，不但大规模转移生产制造环节，而且将转移内容延伸到研究与开发、设计、采购、销售及售后服务等环节。一方面，跨国公司不断调整企业的战略战术，如加大企业的本土化与组织集中化程度等，大力推动国际产业转移的进程；另一方面，其子公司对发展中国家的直接投资将给受资国经济及产业结构调整带来重大影响。由此可见，跨国公司在当前的国际产业转移中将扮演着重要角色。

### （二）国际产业发展趋势

近年来，随着新一轮科技革命和产业变革的兴起，国际产业变革正在发生深刻变化，呈现出国际产业转移结构层次不断提高、国际产业转移方式日趋多样化和复杂化、服务业成为国际产业转移的重点领域、跨国公司成为推动国际产业转移的主体以及国际产业转移过程中出现产业链的整体搬迁趋势等一系列新特征。

1. 国际产业转移规模不断扩大

进入二十一世纪以来，全球性的金融危机都没有改变国际产业转移规模不断扩大的趋势，为我国尤其是中西部地区承接国际产业转移创造了良好的外部环境。随着经济全球化、生产国际化以及投资便利化不断加快，国际产业转移规模正在迅速扩大。1995年，全球外国直接投资（FDI）总额仅为3310亿美元，2007年全球FDI总额达到1.54万亿美元，2016年全球FDI总额达到了1.81万亿美元。从长期来看，发达国家为赢得全球竞争优势，将进一步加速国际产业转移；而发展中国家大力推进赶超战略，也进一步扩大对国际产业转移的承接，充分利用国际产业转移有利机遇，加速本国产业结构升级和高度化。因此，国际产业转移的规模进一步扩大的趋势不会改变。2017年，中国全年外资流入约1440亿美元，创下历史新高，升至全球第二，可见中国作为国际产业转移重要承接地的地位没有改变。但全球产业在向中国转移时，转移目的地将会发生重大变化，中西部地区将取代沿海地区成为产业转移新的目的地。为此，我国应充分抢抓国际产业转移新一轮机遇，全力打造全球产业转移的重要承接地和国际资本的投资热土。

2. 国际产业转移层次不断提高

近年来，世界范围的产业结构调整和升级，不仅加速了各国产业结构的知识化，也使国际产业转移的结构呈现出高级化趋势，国际产业转移结构层次不断提高。从发生的过程和阶段看，国际产业转移高级化趋势体现在结构的重化工业化、高加工度化和高信息化，转移的重心逐步由原材料工业向加工工业、由初级产品工业向高附加值工业、由传统工业向新兴工业、由劳动密集型产业向资本和技术密集型产业转变。从实际情况来看：二十世纪五十年代至八十年代，主要以初级产品加工和原材料为主，由发达国家向发展中国家单向转移；二十世纪九十年代以后，国际产业转移出现了发展中国家劳动密集型产业向发达国家转移，且重心开始由原材料工业向加工工业、初级工业向高附加值工业、传统工业向新兴工业、制造业向服务业转变的趋势。随着信息时代的到来，世界经济将进入知识经济迅速发展阶段，国际产业转移结构高级化的趋势也将进一步加强。

3. 国际产业转移方式日趋复杂

近年来，国际产业转移已突破了过去由政府主导从而把整个产业转移到国外的方式，部分生产环节转移、多个国家共同生产也逐渐成为国际产业转移的重要模式。随着产业链的延伸和生产全球化的推广，研发中心、零部件生产、组装生产分散同步进行的模式成为国际产业转移的另一种选择，跨国大型企业由于国际化生产而带有明显全球化的特点。例如，美国波音公司利用现代网络技术构建了全球协同制造信息系统，从而将波音飞机零部件的设计、制造分散到全球的 70 多个国家，从而实现了产业分工的深化和全球布局。与此同时，国际产业转移也突破了原来单一的直接投资和单一股权安排，逐步形成了独资、合资、收购、兼并、非股权安排等多样化方式并举的格局，而且随着国际产业转移方式的不断创新，跨国并购、证券投资、风险投资、项目外包、业务离岸化、产业链整体转移等新兴制造方式越来越多被现代制造企业所采用。

4. 国际产业转移重点发生变化

二十世纪九十年代以后，随着经济的发展、科技水平的提高、信息技术的进步以及国际产业转移方式的日趋多样化，国际产业转移涉及的领域由加工制造业向现代服务业、高新技术产业转变，其中现代服务业成为当前国际产业转移的重点领域。从现代服务业国际转移的现状来看，主要表现为三个层面：一是企业项目外包，即企业把非核心的辅助型业务委托给国外其他公司或者合作伙伴来完成，而企业自身可以集中精力在研发设计、品牌运作、渠道建设、售后服务等核心业务，确保企业的核心竞争优势；二是跨国公司业务离岸化，即跨国公司将一部分服务业务转移到成本较低的国家和地区，通过将业务转移到海外从而压缩劳动力、土地、物流等成本提升企业的竞争优势；三是配套服务向外转移，即一些与跨国公司有战略合作关系的服务企业，为给跨国公司在新兴市场国家开展业务提供配套服务而将服务业进行国际转移，或者是服务企业为了开展国际服务贸易而进行服务业国际转移。目前，服务贸易占全球贸易总额的比重已经达到 1/5 左右，服务业跨国投资占全球跨国投资的比重已经达到 65% 左右，成为国际产业转移的重要领域。

5. 产业链整体搬迁趋势较明显

由于跨国公司社会化协作程度高，横向联系广，一家跨国公司的投资往往会带动一批相关行业的大量投资。随着竞争的加剧，跨国公司不再遵循传统的产业转移的阶段进行投资，而是主动地带动和引导相关投资，鼓励其海外供货商到东道国投资，加大零部件供给当地化战略的实施力度，发展配套产业并建立产业集群，将整条产业供应链搬迁、转移到发展中国家。另外，为了充分利用东道国的各种资源，同时使自己的生产充分适应全球市场的不同需要，跨国公司除了转移传统的制造业外，对其他生产经营环节如研究与开发、设计、中试和公司总部等，也开始向其他地区转移。这种新的产业转移趋势是伴随企业规模的不断扩张以及区位条件的变化而出现的，它将有利于提高企业的资源配置效率和整体竞争力。因此，产业转移不再是个别企业的孤立行为，而是在国际生产的网络或体系的基础上，形成了以跨国公司为核心，全球范围内相互协调与合作的企业组织框架。通过这些国际生产网络，产业转移的速度和范围都达到了一个新的水平。由此可见，有产业特色和配套产业基础的区域将成为承接国际产业转移的主要载体。可学习借鉴沿海地区引进整体产业的成功经验，积极接洽相关产业的龙头企业，不断尝试整体引进相关产业，并加快产业集中区建设，提前谋划，积极布局，全力打造高起点、大规模承接产业转移平台。

6. 国际产业区内转移特点突出

世界经济区域集团化的迅速发展，促进了区域内的资本流动和产业转移迅速增长，并超过区域间的资本流动和产业转移，成为当前国际产业转移的基本特点。从全球范围看，经济区域化也是经济全球化的一大特色。北美自由贸易区、亚太经合区和欧盟区，是国际产业转移最为明显的经济区域。如欧盟国家的对外投资和产业转移主要是在欧盟内部进行，其1/3的对外投资是在成员国之间进行的；北美的美国和加拿大互为最大的投资对象国和产业转移国，美国对外投资的1/5集中在加拿大，加拿大对外投资的1/3集中在美国；近年来APEC区域内投资和产业转移也日趋活跃；中国与东盟10国经济联系日益紧密，经济合作快速推进。世界经济区域化集团化的迅速发展，促进了区域内的产业贸易和产业投资的自由化，提高了区域内生产效率，优化了资源配置和再配置效率。在国际上，欧盟一体化、美加一体化等区域合作集团的形成，实现了产业在其内部成员之间的转移，给我国承接产业转移带来了严峻的挑战。为此，一方面，我国应当充分发挥自身产业优势，不断强化产业发展的基础，完善产业发展的配套设施，为承接国际产业转移营造良好的产业发展环境；另一方面，应当充分发挥我国深度融入全球产业分工的优势，发挥现有产业环节的关联作用，吸引海外产业环节向国内转移，使我国产业链更加完善。

由此可见，当前国际产业转移已经呈现出一系列新的趋势和特征，有条件的地区应当充分利用各种形式的国际产业转移，培育有利于吸纳并购投资的政策环境。一是允许并鼓励境外投资者通过并购等方式进行投资，尽可能多地承接高层次、高附加值和高技术含量的产业，重点关注相对高端、先进实用和产业链较长的产业，不断提高利用外资的质量和水平。二是应系统研究不同产业的价值链体系，对劳动密集型产业、资本密集型产业从发达国家（地区）向欠发达国家（地区）的梯度转移进行进一步的细化研究，对高新技术产业从发达国家（地区）向欠发达国家（地区）的选择性转移进行进一步的区分。在此基础上，结合我国产业发展的实际情况，打造良好的环境承接国际产业转移，加快融入国际产业分工体系。三是要采取综合的配套措施积极承接国内外高端服务业，特别要强化对现代物流业等生产性服务业的承接，探索承接服务业国际转移的有效途径，进一步在金融、文化、旅游等产业扩大对外开放，建设现代服务业基地。

### （三）国际产业发展存在的问题

近年来，受上一轮金融危机的影响，全球经济复苏仍然较为乏力，主要经济体经济发展面临严峻形势，世界经济增长动力严重不足，制约了全球产业的发展。特朗普政府上台以来推行的“美国优先”政策阻碍了全球经济一体化进程的推进，而希腊债务危机、英国脱欧、恐怖主义蔓延等情况的出现使得欧盟的一体化进程也面临着重重困难，这些都给全球经济发展与产业结构升级带来了重大挑战。

1. 竞争压力越来越大

近年来，随着世界经济的发展，各国的竞争已经从简单的原材料的竞争、劳动力价格的竞争等要素的竞争上升为产业链的竞争、产业模式的竞争，各个国家之间、产业之间的竞争已经越来越激烈，产业竞争的压力不断加大。一方面，各国和地区为了经济增长、就业和税收，不断加大基础设施建设投入，营造良好的投资环境，吸引企业投资入驻，这也是改革开放四十年来，我国区域经济增长的重要动力之一。另一方面，随着信息化发展和制造业的融合，产业之间的边界也日益模糊，改变了传统的产业竞争模式，如近年来快速崛起的微信对传统的电信运营商构成了威胁，免费使用的微信在很大程度上减少了中国移动、中国联通、中国电信三家运营商来自短信和电话的收入，因此在传统发展模式下完全不在同一领域的两个产业之间也可能会存在一定的竞争关系。

2. 两极分化日益严重

一直以来，产业发展方面存在着的一种现象就是“马太效应”，即经济发展较好的地区以其优越的基础条件能够吸引更多的人才、技术、资金等要素资源，从而使发展速度越来越快，发展质量越来越好，而发展较为落后的地区，由于在区位、资源、市场规模等方面不具备竞争优势，因此在与发达地区的竞争中仍然处于下风，导致经济发展越来越差，这在一定程度上导致区域之间、产业之间的差距也不断扩大。近年来，随着国际产业竞争的不断加剧，以美国、日本、欧洲为代表的西方发达国家和地区由于其产业发展基础较好，占据了产业发展的高端环节，产业竞争优势不断得到加强，而广大发展中国家由于缺乏资金、技术和人才等产业发展基础，许多中高端产业不愿意往这些地方转移，使得这些地方的产业难以向中高端环节延伸，最终导致这些地区在产业发展方面存在严重的两极分化。

3. 失业问题长期存在

进入二十一世纪以来，随着我国劳动力供给数量的减少，沿海许多地区已经出现了“招工难”“民工荒”等问题，制约了我国制造业的发展。为了保持企业的正常运转，2012年年底在浙江、江苏的传统制造企业中逐渐兴起了“机器换人”的热潮，众多企业纷纷引进现代化、自动化的装备进行技术的改造升级。2014年，随着“东莞一号”文件及各项扶持政策的出台，“机器换人”在珠三角的制造业重镇—东莞轰轰烈烈地开展，并在全国掀起了一场“机器换人”的浪潮。事实上，“机器换人”也使广大制造企业获得了巨大好处，节约了大量的人工成本，提高了生产效率和产品合格率。随着新一代信息技术、智能制造技术的发展，产业发展对劳动力的需求不断减少，这在很大程度上将导致大量的工人失业，而且随着“机器换人”在全球的不断蔓延，全球性的失业问题将会长期存在，成为未来社会问题的重要根源。

4. 跨国产业转移明显

2013年，习近平主席在访问中亚时提出了打造“丝绸之路经济带”的倡议设想，随后又提出了建设“21世纪海上丝绸之路”的倡议构想，逐步形成了“一带一路”的倡议框架。2014年，先后有60多个国家表态支持“一带一路”倡议，愿意与我国开展产业合作，承接我国部分产业转移。2014年以来，我国也开始针对“一带一路”倡议，开展了大量深入的研究，为制定“一路一带”倡议规划做前期准备。2015年2月1日，中共中央政治局常委、国务院副总理张高丽主持召开了《推进“一带一路”建设工作会议》，安排部署了2015年及今后一段时期推进“一带一路”建设的重大事项和重点工作，随后出台了与“一带一路”相关的能源、交通、产业等规划和政策。2017年，中国政府主办了“一带一路”国际合作高峰论坛，29位外国元首、政府首脑及联合国秘书长、红十字国际委员会主席等3位重要国际组织负责人出席，会议取得了5大类共76大项、270多项具体成果，在很大程度上促进了我国产业的国际转移，尤其是向涉及“一带一路”的东南亚地区和中亚地区的转移。

## 二、国内产业发展现状与趋势

### （一）国内产业发展现状

进入新世纪以来，我国经济发展继续保持了持续、快速、稳定的势头，土地供给、劳动力价格、科技创新、生态环境等资源禀赋和比较优势都发生了深刻的变化。我国农民工的数量优势开始逐渐下降，各地用地的供给量开始日益紧张，生态资源环境的容量不断趋紧，科技创新能力继续提升，而产业发展在东中西部的梯度发展特征日益固化，城乡之间、区域之间、偏远地区与沿海地区之间产业发展的差距越来越大。在比较优势理论的指导下，为充分发挥各地的比较优势，许多欠发达地区制定了许多以承接东部沿海地区甚至国外产业转移为主要内容的产业政策，从而形成了有利于国内产业转移和布局优化的产业政策体系。党的十八大以来，随着我国经济的持续增长和产业优势的变化，我国产业转移也呈现出新的变化趋势，产业转移的目的地发生了重大调整。

1. 产业梯度转移趋势更加明显

改革开放以来，东部沿海地区以其优越的区位优势和政策优势，迅速成为我国重要的制造业出口加工基地。2008 年以来，随着东部沿海地区劳动力、原材料、土地等生产要素成本的上涨，许多东部沿海地区以出口为导向的制造企业开始面临着巨大的生存压力，不得不实现战略调整。在东部地区“腾笼换鸟”战略的带动下，以广东、浙江为代表的东部沿海地区大量的劳动密集型、资源密集型产业持续转移至中西部欠发达地区，许多企业开始将生产线搬迁到要素禀赋更具有比较优势的中西部地区，由此开启了我国新一轮的产业转移，从而促进了中西部地区产业规模的扩张和结构的优化。近两年来，我国经济增长已经进入高速度增长向高质量发展阶段，我国劳动力、环境、土地等资源供给和价格都出现了根本性变化，进一步促进了产业向中西部地区的转移。与此同时，由于受国内劳动力供给减少和用工成本上升的影响，福建、广东等地的许多纺织服装、电子信息等劳动密集型制造业开始向更具有成本优势的印度、泰国、越南等南亚、东南亚国家转移。

**表 4.1　2017 年各地区固定资产投资增长速度　　　　单位：%**

| 东部地区 | | | 中部地区 | | | 西部地区 | | |
|---|---|---|---|---|---|---|---|---|
| 北京 | 8307.33 | 5.31% | 山西 | 5722.16 | -58.71% | 四川 | 31235.89 | 10.65% |
| 天津 | 11274.69 | -11.62% | 安徽 | 28816.37 | 8.42% | 重庆 | 17440.57 | 9.47% |
| 河北 | 33012.23 | 5.34% | 江西 | 21770.43 | 12.34% | 贵州 | 15288.01 | 18.24% |
| 辽宁 | 6444.75 | 0.13% | 河南 | 43890.36 | 10.41% | 云南 | 18474.89 | 17.96% |
| 黑龙江 | 11079.65 | 6.20% | 湖北 | 31872.57 | 8.03% | 西藏 | 1975.6 | 23.78% |
| 吉林 | 13130.9 | -4.66% | 湖南 | 31328.08 | 13.14% | 陕西 | 23468.21 | 14.62% |

续表

| 东部地区 | | | 中部地区 | | | 西部地区 | | |
|---|---|---|---|---|---|---|---|---|
| 上海 | 7240.95 | 7.25% | | | | 甘肃 | 5696.35 | -40.25% |
| 江苏 | 53000.21 | 7.35% | | | | 青海 | 3819.86 | 10.54% |
| 浙江 | 31125.99 | 5.26% | | | | 宁夏 | 3640.12 | -1.86% |
| 福建 | 26110.34 | 13.88% | | | | 新疆 | 11795.64 | 18.15% |
| 山东 | 54236.03 | 3.60% | | | | 广西 | 19908.27 | 12.78% |
| 广东 | 37403.91 | 13.53% | | | | 内蒙古 | 13827.85 | -7.16% |
| 海南 | 4125.4 | 10.10% | | | | | | |

资料来源：国家统计局

从 31 个省、市、自治区的投资情况来看，我国固定资产投资的增速具有明显的区域差异性。由于我国西部地区的经济发展水平较低，具有较强的后发优势，因此成为国内外企业的投资热土，2017 年平均固定资产投资增长率达到 7.24%，其中经济发展水平较低的西藏、贵州、新疆、云南等四省区的固定资产投资增长速度较快，2017 年的投资增速均超过了 17.0%，西藏甚至达到了 23.78%；中部六省经济发展水平相对较高，固定资产投资保持中高速增长，但由于山西投资增速严重下滑，使得中部六省固定资产投资的平均增速仅为 1.06%；东部地区经济发展水平最高，并通过腾笼换鸟和结构调整，经济增长仍然存在巨大的动力和潜力，固定资产投资的平均增速为 4.74%，其中天津市和吉林省固定资产投资增长速度为负，分别为 -11.62% 和 -4.66%。由此可见，我国产业发展的梯度特征仍然较为明显，东部沿海地区大量劳动密集型产业开始往人力资源较为丰富的中西部地区转移，从而推动了中西部地区经济的持续快速增长和产业的结构性调整。（详见表 4.1）

2. 产业资本“走出去”取得重要进展

国家主席习近平分别于 2013 年 9 月和 10 月提出建设“丝绸之路经济带”和“21 世纪海上丝绸之路”的倡议构想，从而构建了“一带一路”倡议框架，并以此为平台加强沿线国家和地区的经济技术合作，共同打造政治互信、经济融合、文化包容的利益共同体、命运共同体和责任共同体。近两年来，我国不断加大对“一带一路”国家和地区基础设施和产业发展的投资力度，不断夯实了沿线国家和地区的基础设施建设水平，通过发挥东南亚国家的劳动力数量和成本优势、中亚地区丰富的矿产资源优势不断推进沿线国家的产业发展，带动了我国产业向一带一路周边国家和地区的转移，对促进我国深入融入全球产业分工体系、主导全球产业发展具有重要的意义。一方面，东南亚地区具有充足而廉价的劳动力资源优势，成为我国企业向东南亚投资和产业转移的重要要素。以泰国、越南、印度尼西亚、印度为主的东南亚、南亚国家经济发展总体水平较低，具有劳动力数量供给充足、成本较低的优势，平均劳动力成本不到我国的一半，成为承接我国劳动密集型产业转移的重要区域。近年来，随着我国广东、浙江、福建等省“腾笼换鸟”战略的实施，许多纺织服装、电子产品等劳动密集型产业的制造环节开始大量往东南亚、南亚地区转移。另一方面，中亚、中东地区具有丰富的矿产资源储备，成为吸引我国资源密集型产业转移的目的地。由于中亚、中东地区与我国西北地区接壤，在地理气候、文化风俗方面比较类似，而且具有丰富的农业、能源、矿产等资源储备，在经济发展水平、产业结构、比较优势等方面与我国具有很强的互补性，成为承接我国资源密集型产业转移的重要基础。近年来，我国许多产业资本开始向中亚、中东地区投资，为促进当地能源资源开发、水利设施建设等起到了重要作用，目前哈萨克斯坦、乌兹别克斯坦等国家已经成为承接我国产业转移的重要区域。

3. 产业体系转移逐渐成为发展趋势

在现代社会，企业是社会经济的重要组成部分，本身无法孤立存在，而需要完善的产业配套环境为其提供各种零部件及配套服务。因此，从某种意义上可以认为，产业转移不只是产业环节的简单位移，而是产业链、产业配套体系甚至产业生态环境的同步转移。近年来，随着产业转移的深化，我国产业转移的速度持续加快，转移规模不断扩大，转移层次也不断提升，由以企业或产业链单个环节的转移开始向整个产业链或产业生态体系的转移为主。例如，河南省引进了富士康之后，吸引了相关配套产业在郑州航空港区聚集，以酷派、天语等为代表的10多家智能手机生产基地与富士康比邻而居，共同形成了规模庞大的手机制造业集群。在产业转移过程中，产业链以及产业生态体系的转移对中西部欠发达地区承接产业转移提出了更高的要求。一是产业承接地要具备良好的政策环境。中西部地区作为产业承接地，在税收优惠、贸易通关、金融服务等方面应当具有良好的政策环境，从而满足入驻企业和产业对产业转型和技术升级的要求。二是产业承接地要具备良好的生产要素。产业转移过程中，会对劳动力、能源供给、物流配送产生更高的要求，这就要求产业承接地加大人才资源储备、完善物流配送体系，从而提升要素资源的供给能力，为入驻企业的技术升级提供充足而完善的支持。三是产业承接地要具有完善的配套企业。如前所述，产业转移是一个系统工程，而不是单个企业生产区域的简单转移，需要完善的配套零部件企业和相关服务，这就要求产业承接地能够为引进企业提供符合质量标准的配套零部件和配套服务。

4. 制定承接产业转移的政策措施

随着现代经济的发展，产业转移已经进入了新的发展阶段，由过去简单的将需要淘汰的落后产业搬迁到欠发达地区向在更大范围内整合要素资源实现产业转型升级转变。换句话说，产业转移是一个要素资源在更大范围内进行重新配置的过程，也是一个由区域非均衡发展向均衡发展转变的过程。随着产业转移的推进，广大欠发达地区将会获得先进的技术、设备、人才以及管理理念，从而带动欠发达地区工业技术的升级、产业结构的优化以及整体竞争力的提升。因此，产业承接地应当以其资源禀赋为基础，结合市场发展环境明确产业发展定位并科学制定产业发展规划，从而在产业转移过程中重塑竞争优势。为促进产业实现有序转移、优化产业布局，我国在税收优惠、土地供给等方面给予了一系列特殊的支撑政策。例如，国家发展改革委在全国推动建立了晋陕豫黄河金三角承接产业转移示范区、皖江城市带承接产业转移示范区、湘南承接产业转移示范区、湖北荆州承接产业转移示范区、江西赣南承接产业转移示范区等一系列产业转移示范区。近年来，为积极承接东部沿海发达地区及国外的产业转移，我国广大中西部的欠发达地区制定了一系列政策措施，为承接产业转移营造了良好的软硬件环境。例如，为积极推进承接产业转移，根据《甘肃省承接产业转移协同推进领导小组工作规划》，出台了《2018 年全省承接产业转移工作要点》，并制定了各市州承接产业转移项目到位资金目标任务表。

5. 合作园区成为区域产业转移重点

进入二十一世纪以来，产业转移逐渐由国家主导转为市场主导，但是政府行为在产业转移、资源整合、政策支持方面仍然发挥着重要作用，因此如何更好地发挥市场和政府的作用对推进产业有序转移具有十分重要的意义。近年来，我国各级政府已经意识到这一问题，并通过建立产业转移示范区、开展产业转移对接活动等形式，支持和引导国内外产业实现有序、高效的转移。到目前为止，工业和信息化部、国家发改委等部门联合各级地方政府开展了一系列产业转移对接活动，使得产业转移与区域合作进入新阶段。例如，中国与马来西亚两国政府合作，分别在对方设立了马中关丹产业园和中马亚钦州产业园区，双方突出抓好产业基础配套设施，推进招商引资和项目建设，扎实推进“两国双园”的务实合作和互动发展，从而引导和支持本国企业在对方合作园区进行投资和产业转移，形成了良好的产业聚集效应，成为中马两国政府重点支持的项目，并被列入国家“一带一路”规划重大项目和跨境国际产能合作示范基地。与此同时，国内区域合作和产业转移也在不断创新，如四川省大力发展飞地经济和建设合作园区，要求做大做强成都—阿坝、甘孜—眉山、成都—甘孜、德阳—阿坝等飞地园区，加快推进佛山—凉山农业产业园和成都—凉山飞地园区建设，探索建设多种合作模式的飞地园区，发展多种形式的“飞地经济”，使得合作共建园区模式逐渐成为国内地区之间开展产业转移和区域合作的重要方式。

### （二）国内产业发展的主要趋势

自从2008年金融危机以来，由于我国产业结构调整和产业转型升级步伐的加快，我国新一轮的区域产业转移速度明显加快。目前，我国区域之间的经济协作与产业转移更加活跃，东部沿海发达地区对中部、西部产业转移输出步伐加快，规模明显加大，层次明显提升，不再只是局限于某一单一产业的转移而呈现出产业链亿级产业集群整体转移的趋势。主要呈现出以下四方面的特征。

1. 区域间经济协作程度提高

从弗农的产品周期理论来看，随着产品进入不同的生产制造阶段，即产品由创新阶段到成熟阶段，再到标准阶段的转变，产品的生产制造将在要素丰裕程度不同的地区之间实现转移。因此，对于东部地区而言，将这些产业转移到劳动力资源丰富、要素成本更低、资源要素更充足的地区不失为一个明智之举。而作为承接方的中西部欠发达地区，本地产业不够发达，人口失业率较高，承接东部沿海地区相对发达的产业将带动本地区的经济发展，提升本地的就业水平、增加地方政府的财政收入等。2009年以来，在国家各项政策方针的指引下，各区域间进一步加强了经济协作、产业联动、对口帮扶的战略关系，既为制造企业提供了接近原料产地、潜在市场的机会，从而为企业带来了更多的利润空间，也为欠发达地区带去了技术、资本和管理，进而创造了更多的经济发展机会。落后地区作为承接地，近年来不断地完善自身基础设施建设，建立趋于完善的服务体系，政策方针等优惠措施，对于继续推动本地经济发展，提高本地人口就业，促进城市发展起到不可代替的作用。

2. 转移产业的类型在不断增加

在区域间产业转移发生之初，东部沿海地区主要向中西部落后地区转移环境破坏严重、资源损耗较大的劳动密集型和资源密集型产业，这两种类型的产业由于对劳动力和资源的需求较大以及对环境的破坏较深，已不适合在相对发达的东部沿海地区发展，而潜在市场规模巨大的西部地区拥有庞大的劳动力资源且劳动力成本较低，各种矿产资源相对丰富。中部和西部地区在经过“西部大开发”和“中部崛起”战略实施之后，产业发展所依托的园区发展平台、现代交通物流等基础设施建设更加健全，经济发展环境更加完善，这进一步为我国落后地区承接来自东部发达地区乃至外国的高端产业及服务业做了更为坚实的准备。因此，在产业转移的初始阶段，劳动密集型和资源密集型两种类型的产业转移最为普遍，成为产业转移的重点。随着中西部地区自身的发展，以及在政府的带动下，自身基础设施的健全以及配套设施的建设，资本密集型产业和技术密集型产业的转移将急剧增多，而由于我国的能源发展战略西移，中东部的能源产能过剩，能源密集型产业西移的规模会逐渐加大。

3. 产业转移进入产业链布局优化新阶段

一直以来，产业转移的过程伴随着产业发展的整个过程，产业发展的水平在很大程度上也反映了产业转移的层次。随着产业的持续发展，产业转移的目的也由单纯的降低生产成本、追求利润最大化向追求产业链布局优化转变，从而提升产业发展的质量和效益。在过去，我国产业转移的主要表现是，东部沿海地区单向对周边的中西部地区转移传统产业的低端加工制造环节，以期降低企业的生产成本。而近年来，随着我国中西部地区经济的发展，内需市场的扩大及产业结构的整体提升，东部地区对中西地区的产业转移不再仅仅局限于传统低端产业，已经逐步扩展到了电子信息、装备制造、新能源等高端产业。比如，随着广大中西部地区人才的回流以及信息基础设施的不断完善，海外和东部沿海地区的高端产业，如信息技术、智能制造等产业也开始向中西部地区转移，在成都、贵阳形成了高端产业的重要集聚地，其中成都在电子信息、航空航天、装备制造等方面已经具备一定的规模和产业基础，成为中西部地区重要的经济中心。

4. 产业承接地逐渐重视生态环境保护

长期以来，各地招商引资存在很大的盲目性，对投资项目大有“来者不拒”和“你争我抢”的态势，因此引进了许多环境污染严重的企业，影响了经济社会的可持续发展。尤其在转移初始，由于当时环境问题没有那么尖锐，没有受到太多的重视，当地政府领导一味地追求政绩，追求本地发展的GDP，不经筛选将一些会对环境造成重度污染的产业和一些对资源消耗很大的产业纳入其中，对当地的环境和资源造成不可挽救的后果。党的十八大以来，随着中央政府提出“不以GDP论英雄”和“绿水青山就是金山银山”的发展理念，对产业发展过程中的环境保护更加重视，因此近年来许多产业承接地开始对于输入的产业有进一步的筛选而不再是一味地接纳。目前，随着国家提倡可持续发展、科学发展、绿色发展，主张发展绿色经济和低碳经济，抵制“先污染、后治理”的发展模式，因此部分地区逐步重视起环境的价值，对于转入的产业进行严格的筛选，力求吸引更多高端产业、服务业，从而促进中西部地区实现又好又快发展。通过课题组在四川某县开展的调查发现，由于当地实施了企业“退城入园”、燃料实现“煤改气”、引入自动化生产技术、淘汰低端落后产能等政策，不仅使得广大陶瓷生产企业的产能水平有了很大的提升，而且生态环境也得到了极大的改善，“碧水蓝天”已经逐渐成为常态。

5. 沿海地区向内地产业转移趋势明显

在当前正在进行的全球第四次产业转移浪潮中，全球成熟加工制造业向劳动力更加丰富、生产成本更低、更接近消费市场的中西部地区转移的趋势得到加强，使得我国沿海地区向内地产业转移已经成为当前全球产业转移的重要组成部分。一方面，由于近年来我国东部沿海地区由于土地、资源、劳动力价格的不断提高，致使企业经营成本一路飚升，产业优势已急剧减弱，大量劳动密集型产业、资金和技术密集型产业的劳动密集型环节、资源型产业正在向中西部地区迅速转移。另一方面，过去之所以将制造业布局在沿海地区，很大程度上是由于沿海地区具有廉价、高效的海运渠道，近年来随着内地高速公路、铁路、航空等交通基础设施建设的加强，如渝新欧、义新欧等线路的开通，使得内地也具有通向中亚、中东和欧洲的便宜而快捷的物流渠道，因此许多以出口为导向的制造企业开始由东部沿海地区向内地转移。

值得关注的是，加工贸易是沿海地区向内地产业转移的主体，而两头在外的加工贸易是我国连接国际市场的重要渠道；跨国公司是对全球市场最为敏感、使各国经济联系更加紧密的重要载体，使得在新一轮国际产业转移背景下沿海跨国公司出现向内迁移或部分迁移的趋势更加明显。应当看到，在沿海地区向内地转移的产业中包含着丰富的国际元素。在促进产业转移的过程中，要大力促进承接国际产业转移和沿海地区产业转移相结合，充分利用好沿海地区业已形成的各种平台，在承接沿海地区产业转移的同时，也要努力在全球范围内寻找更多的机会。

6. 跨区域就近转移成为产业转移重点

党的十八大以来，新一届中央领导集体结合我国区域经济和产业发展的实际，提出了推动区域协调发展的政策措施，提出了京津冀协同发展战略和长江经济带发展战略，正式印发了《京津冀协同发展规划纲要》《长江经济带发展规划纲要》等推进区域经济协同发展的政策措施。2015 年以来，京津冀协同发展和长江经济带的区域协同发展战略逐渐进入实际操作阶段，在区域交通规划、产业布局、环境保护、物流配送、人才培养等方面将逐步实现区域协同和一体化发展，并在税收分享、GDP 核算等方面出台了具体的政策措施。随着我国区域合作机制的建立和基础设施建设的一体化，部分外迁产业首先会考虑在就近区域转移，如在北京疏解非首都核心功能的背景下以及京津冀协同发展框架下，河北以其优越的区位条件、广阔的市场优势、丰富的资源储备以及优惠的政策措施成为承接京津两地产业转移的重要区域，尤其是雄安新区的规划建设将吸引我国大量央企、高等院校和科研院所聚集，成为我国华北地区区域经济新的增长极。

对于目前我国产业转移的现状，转出地与承接地之间的合作还应进一步加强和优化，东部沿海地区相对发达，当地的资源要素、劳动力要素以及政府对环境的规制力度相对于中西部地区都要高，因此选择将产业转移到成本相对较低的落后地区是企业保障利润的不二之选。但在其转移的过程中，企业应尽可能将高端研发部分也做出部分转移和迁徙，比如建立高端研发实验室以及相配套的产业链，这对于发展落后地区的经济才是真正的良药，同时也将为落后地区培养以及带去更多的知识型人才。目前，我国倡导可持续发展科学发展观，区域在承接时应当对转入企业的环境以及资源的利用和破坏做出科学的判断，不要一味地追求发展，从而走上了当年东部地区先发展再治理的老路，因此，环境规制将是目前我国区域产业转移的另一重要论题，怎样做好科学的评估，有力的管理，建立一套完善的指标体系等将是承接地政府以及企业应当重视的问题。

### （三）国内产业转移面临的困难和问题

进入二十一世纪以来，随着我国工业化的深入推进和经济总量的不断扩张，我国经济发展的要素比较优势发生了重大转变，不仅使东部沿海发达地区迎来了产业结构调整和升级的重大机遇，也使广大中西部欠发达地区在承接产业转移、提升产业发展质量方面面临更大的挑战和压力，如中西部地区基础设施建设滞后、公共服务供给能力不足、产业发展政策环境有待改善、居民消费意识有待培育、产业园区同质化竞争严重等，这在很大程度上制约了我国产业比较优势的发挥和区域经济的协调发展。

1. 中西部地区基础设施建设滞后

长期以来，由于我国广大中西部地区工业化水平较低，在交通物流、信息网络、能源电力等领域的基础设施建设上投入严重不足，导致这些地区基础设施建设较为滞后。近年来，交通建设滞后、物流成本较高、信息化水平低、产业技术工人缺乏等问题对广大中西部地区承接产业转移产生了重要影响。以高速铁路为例，2018 年年底我国高铁运营里程为 24548 公里，占全球高铁运营里程的三分之二以上，超过其他国家的总和。但是，占我国国土面积 56% 的西部地区的高速铁路建设总里程仅为 7674 公里，约占全国高速铁路总里程的 31.26%，而占全部国土面积的 14% 的东部沿海地区，高速铁路建设总里程达到 10642 公里，约占全国高速铁路总里程的 43.35%。（详见表 4.2）由此可见，交通基础设施建设滞后、物流成本高、物流效率低严重制约了中西部地区现代物流的发展和西部地区竞争力的提升。

表 4.2　我国高铁分布

| 东部地区 | | | 中部地区 | | | 西部地区 | | |
|---|---|---|---|---|---|---|---|---|
| 省区 | 里程 | 主体线路 | 省区 | 里程 | 主体线路 | 省区 | 里程 | 主体线路 |
| 北京 | 142 | 京津、京广、京沪 | 山西 | 412 | 大西 | 四川 | 720 | 成西、成渝 |
| 天津 | 201 | 京津、京沪、保津、津秦 | 安徽 | 1403 | 京沪、合福、宁合 | 重庆 | 380 | 成渝、渝贵 |

续表

| 东部地区 | | | 中部地区 | | | 西部地区 | | |
|---|---|---|---|---|---|---|---|---|
| 省区 | 里程 | 主体线路 | 省区 | 里程 | 主体线路 | 省区 | 里程 | 主体线路 |
| 河北 | 1335 | 京广、京沪、保津、石济 | 江西 | 870 | 沪昆、武九 | 贵州 | 1200 | 兰广、沪昆、贵开城际、渝贵 |
| 辽宁 | 843 | 哈大、丹大 | 河南 | 1118 | 京广、徐新、郑焦城际 | 云南 | 780 | 沪昆、南昆 |
| 黑龙江 | 363 | 哈大、哈齐 | 湖北 | 1033 | 京广、武九 | 西藏 | — | — |
| 吉林 | 381 | 哈大、长吉 | 湖南 | 1396 | 京广、沪昆 | 陕西 | 856 | 徐新、成西 |
| 上海 | 110 | 京沪、沪宁、沪昆 | | | | 甘肃 | 799 | 徐新 |
| 江苏 | 846 | 京沪、沪宁城际、宁合 | | | | 青海 | 268 | 徐新 |
| 浙江 | 1485 | 沪昆、杭甬、温福 | | | | 宁夏 | — | — |
| 福建 | 1500 | 温福、福厦、厦深、合福 | | | | 新疆 | 710 | 徐新、乌昌城际 |
| 山东 | 1240 | 京沪、石济、济青 | | | | 广西 | 1751 | 南广、贵广、南昆 |
| 广东 | 1542 | 京广、广深港 | | | | 内蒙古 | 210 | 呼张 |
| 海南 | 654 | 环岛高铁 | | | | | | |

2. 公共服务供给能力严重不足

公共服务供给能力与供给效率受财政支出能力的约束，因此公共服务供给的能力和效率与地方政府的财政实力有很大的关系。受到经济发展水平和公共服务投入的影响，我国东部地区和广大中西部地区公共服务供给方面存在巨大的差距。东部沿海地区由于经济发展水平较高，财政支付能力较强，用于基础设施建设和公共服务的财政支出较多，因此公共服务供给能力较强；而广大中西部欠发达地区由于经济发展水平较低，财政支付能力较弱，许多县市还处于“吃饭财政”，因此使得公共服务供给能力和服务效率较低，难以满足居民和企业的需求，在很大程度上制约了经济社会的发展。中部地区和中西部地区在公共服务方面的差距会使得东部地区的企业不适应中西部地区的营商环境，从而影响了东部地区产业向中西部地区的转移。

3. 产业发展政策环境有待改善

长期以来，尽管我国经济发展已经达到了较高水平，经济总量已经超过

90 万亿元，位居世界第二，但是我国政策环境、体制机制等方面的改革较为滞后，尤其是在思维方式、管理模式、服务理念方面还有很大的提升空间。如广大中西部地区还存在产业配套体系不够完善、市场观念较为落后、政府服务意识不强、行政服务效率较低、对民营企业尤其是中小企业重视不够等，从而对产业转移产生了一些影响。目前，随着经济的持续快速发展和产业竞争的加剧，产业之间的竞争已经由单个企业的竞争上升为产业链和产业生态体系的竞争，政府在产业发展和产业转移中的定位和作用也由管理向服务转型。为此，应当进一步改善产业发展政策环境，重点加强政府行政服务能力建设，为企业和产业发展提供产学研对接、供求信息发布等服务，从而降低企业的经营成本。

4. 居民现代消费意识有待培育

居民消费水平在很大程度上与收入水平之间有着密切联系，我国东部地区经济发达，居民收入水平较高，如 2017 年广东省居民人均可支配收入为 33003.3 元，对新产品和服务的接纳能力比较强，尤其是对享受型消费需求较大，导致购买力水平较高；而中西部地区由于经济发展水平较低，收入水平不高，如 2017 年甘肃省居民人均可支配收入为 16011.0 元，许多居民消费还是以衣、食、住、行等基本消费为主，导致购买力水平较低。因此，由于广大中西部地区的居民可支配收入水平较低，消费需求的转型升级速度较慢，信息网络、现代物流、电子商务发展滞后，尚未成为中西部地区生产和生活的重要组成部分，制约了中西部地区现代市场的培育，也不利于我国中西部地区产业的升级，这在一定程度上影响了中西部地区的投资环境。

5. 产业园区同质竞争日益严重

我国幅员辽阔，许多省区之间、地市之间和区县之间在资源禀赋、区位条件、发展水平等方面都比较相似，使得各地在进行产业园区建设、主导产业培育等方面会出现雷同现象，从而引起园区之间存在的重复建设和恶性竞争。以光伏产业为例，2008 年 7 月我国开始对光伏电站项目发电进行补贴，2009 年又将新能源、新材料等产业列入战略性新兴产业，为此各省区都将光伏产业列为主导产业，不断加大光伏太阳能产业发展的支持力度，在土地供给、税收补贴等方面对引进光伏产业进行支持，从而在短时间内促进了我国光伏产业制造能力的提升，以至于整个产业产能出现了严重过剩的情况。为此，我国各省区之间、各园区之间面临的同质化竞争问题较为严重，在很大程度上制约了我国产业的良性健康发展，更不利于农民工的就业发展和收入水平的提升。

6. 承接产业转移缺乏宏观统筹

进入二十一世纪以来，随着我国产业转移规模的不断扩大，产业转移和转型发展过程中也逐渐暴露出一些问题，许多地区由于缺乏宏观统筹、科学的规划和合理的布局，导致产业盲目转移、随意转移以及产业发展不可持续性等问题。由于我国产业转移的宏观统筹不够，许多地区在引进产业过程中又缺乏科学规划和顶层设计，使得许多地区在引进产业方面没有明确的标准和严格的底线。有的地方为了引进产业甚至不惜代价引进一些高污染、高能耗的产业，对当地自然生态造成了严重破坏，不利于产业和经济的可持续发展。例如，甘肃对“绿色发展”理念落实不到位，不仅没有很好地保护祁连山国家级自然保护区，反而在保护区内违规开发矿产资源、违法建设水电设施、偷排工业废水废气，严重破坏了当地的生态环境，制约了区域经济的可持续发展。

## （四）产业转移面临的挑战

改革开放以来，丰富的劳动力数量、廉价的劳动力成本以及广阔的市场规模是我国参与国际产业分工和产业竞争的重要竞争优势。但是，近年来随着我国经济的持续快速发展，我国劳动力供给数量和成本、资源承载水平、市场结构都发生了深刻变化，产业发展已经由于低水平的要素价格竞争转变为创新能力、资源整合能力的整合竞争，使我国产业转移面临着严峻的挑战。一方面，随着美国、日本、欧盟等西方发达经济体的复苏以及“再工业化”战略的实施，电子信息、智能制造等高端制造业加速回流，人工智能、生物技术等先进制造业快速发展，另一方面随着越南、泰国、印度等东南亚、南亚欠发达经济体的持续发展，其劳动力数量和成本优势逐渐显现，承接产业转移的竞争力不断提升，加速了部分劳动力密集型制造业的外流。在这样的背景下，我国产业比较优势逐渐丧失，在很大程度上对我国承接国际国内产业转移带来了巨大的挑战。

1. 人口数量红利基本丧失

改革开放以来，随着城镇化进程的加快和制造业的快速发展，我国农村地区丰富而廉价的剩余劳动力开始向城市二三产业转移，为我国制造业发展创造了条件。根据国家统计局的统计数据，2017 年我国 16 岁 –59 岁人口总数为 90199 万人，占人口总数的 64.9%，其中农民工人数达到 2.87 亿人，为我国经济发展提供了巨大的人口红利。2016 年，我国外出农民工数量为 16934 万人，2011 年 –2016 年外出农民工增速呈逐年回落趋势，增速分别为 3.4%、3%、1.7%、1.3%、0.4% 和 0.3%，表明农村剩余劳动力的人口数量红利正在逐渐丧失。近年来，随着农村剩余劳动力供给拐点的到来以及大量“50 后”和“60 后”劳动力逐渐退出劳动力市场，大量的“80 后”和“90 后”又不愿意从事制造业和建筑业，将导致未来我国劳动力供给数量迅速减少，而且劳动力成本迅速上升，我国劳动力数量和成本优势将不复存在，劳动密集型制造业外迁的现象将更为严重。为此，必须加快对我国劳动力结构和劳动力供给状况变化趋势的研判，加快推进产业结构的战略性调整，积极应对劳动力数量减少和价格提升给制造业发展带来的冲击，从而缓解对农民工就业造成的影响。

2. 资源供给压力不断加大

一直以来，我国都是一个发展中大国，具有人口多、资源匮乏、人均资源占有量少的特点，决定了我国只能走劳动密集型、资本密集型和技术密集型发展之路，而绝对不能走资源密集型和环境密集型发展道路。据统计，我国的天然气、石油、铝、铜和水的占有量分别仅相当于世界平均水平的 4.30%、6.00%、9.70%、25.00% 和 28.00%。面对能源资源极度匮乏的现实，我国只能通过大量依靠海外进口来满足产业快速发展和消费持续升级对能源资源不断增长的需求。2017 年，我国石油、铁矿石的进口依存度分别已经超过了 50% 和 70%。随着我国工业的快速发展和人民生活水平的迅速提升，我国资源消耗的速度还将会不断增长，未来我国资源供给面临着巨大的压力，这就要求我国必须走一条资源节约型和环境友好型的发展之路。

3. 生态环境约束日益趋紧

改革开放以来，我国居民消费水平不断提升，对能源资源的消耗保持持续快速增长的态势，目前的能源消耗已占全球能源消耗总量的五分之一，使得我国自然生态环境面临着巨大的压力，生态环境约束日益趋紧。目前，我国已经成为全球重要的石油、天然气、铁矿石等资源的进口国，根据海关总署数据显示，2018 年我国的石油进口量达到创纪录的 4.619 亿吨，已经连续第二年成为全球最大的原油进口国，而大量化石能源的消耗给自然生态环境造成了巨大的影响。根据生态环境部、自然资源部、国家发改委等 11 个部委共同编制完成的《2017 中国生态环境状况公报》，我国 338 个地级及以上城市中有 239 个城市环境空气质量超标，31 个省区市 5100 个地下水监测点中较差级和极差级分别占 51.8% 和 14.8%。由此可见，环境约束日益趋紧，对我国产业的持续健康发展产生了重要影响，只有加快产业结构调整，切实转变经济发展方式，彻底淘汰低端落后产能，才能实现经济结构的战略性调整和经济的持续健康发展。

4. 外部市场竞争更加激烈

近年来，我国产业发展进入结构提升和转型升级的关键期，在国际上面临着激烈的市场竞争，给我国产业转移带来了巨大的挑战。一方面，随着西方国家经济的逐步恢复，世界经济增长开始趋于稳定，开始重新认识到制造业和实体经济发展的重要性，从而加大了制造业的投入力度，其中美国重点关注人工智能、新材料、智能制造等新兴产业发展，不断加大研发投入力度，从而对我国战略性新兴产业的发展造成了巨大的挑战。另一方面，随着广大发展中国家基础设施的建设，产业发展环境逐步得到改善，具备了承接产业转移的基础，其中以越南、泰国、印度等为代表的东南亚、南亚国家依托其丰富而廉价的劳动力资源开始大量承接我国劳动密集型产业，从而对我国在低端产业领域形成了巨大的竞争压力。因此，当前我国产业发展面临着来自发达国家在新兴产业领域和来自发展中国家在传统产业领域的双向竞争，给我国产业转型升级和结构调整带来了巨大的挑战，使我国产业发展面临着更加激烈的国际竞争压力。

为此，我国只有不断加大自主创新投入，做大技术研发、产品设计、标准制定、品牌经营等高附加值环节的比重，并通过实施“一带一路”倡议在全球范围内更好地整合全球人才、资本、原料等要素资源，在促进我国产业结构调整和转型升级的同时，推动全球制造技术的进步和制造能力的提升。

### （五）产业转移对社会产生的影响

一直以来，产业规模的扩张和产业结构的调整是促进经济持续增长、增加居民就业的重要动力，也是维护社会稳定的根本手段。但对于产业转移的转出地而言，产业转移将会在很大程度上提升失业农民工就业的压力，从而增加了维稳和社会保障的难度。

1. 就业压力持续提升

随着产业转移的加剧以及自动化、智能化水平的提升，企业发展对劳动力的需求将会进一步减少，在一定程度上将会使得就业压力加大。首先，产业转移和转型升级将会减少大量的就业岗位。以浙江省为例，通过实施“机器换人”战略，四年间共减少了 250 万个就业岗位，也就相当于增加了 250 万的失业人口。河北省 2017 年城镇新增就业人口为 82.06 万，按照河北和浙江人口的比例推算，河北将产生 375 万的失业人口，而要消化这些失业人口相当于需要 4.5 年的时间。其次，产业转型升级所淘汰的农民工都是知识水平较低、技术缺乏的体力劳动者，要通过学习和培训实现再就业的难度较大。一般而言，现在的农民工年龄大都在 45 岁以上，要实现再就业还面临着年龄的限制。再次，产业转型升级之后对劳动力的技术和知识水平要求比较高，而淘汰出局的农民工在教育水平和职业技能方面基本难以达到新兴产业发展对劳动力的需求。因此，产业的区域转移和转型升级在很大程度上将会提升整个社会的就业压力。

2. 维稳难度不断加大

一直以来，失业问题、收入差距扩大都是导致社会不稳定的重要因素。一方面，随着产业的转型升级和结构调整，大量农民工将难以适应产业发展的需要，从而会出现大量失业的农民工，增加社会闲散人员的数量，这将对社会稳定造成严重的挑战。尤其是对于年龄处于 40 岁 -60 岁左右的农民工，由于缺乏相应的知识和技能，难以通过再学习和培训而转行从事其他工作，导致这些农民工难以实现再就业。另一方面，随着部分就业农民工收入水平的提升以及大量失业农民工的出现，社会的贫富差距将会进一步加大，这将在很大程度上增加维稳的难度。因此，各地在推进产业转型和结构调整的时候，也应当把握和控制节奏，同时做好农民工的再就业工作，尤其是要鼓励有条件的农民工创业，从而创造更多就业机会，确保失业农民工对社会稳定的影响降到最低。

3. 社保支付压力增加

随着产业的转型升级和结构调整，许多农民工会因为失业或者季节性失业而导致企业无法足额缴纳社保金，使得各级政府的社保缴存和支取面临很大的困难，甚至许多家庭收入水平较低的农民工会因为产业转移导致的失业而陷入贫困状态。在这样的背景下，需要超前谋划，制定可行的政策措施，建立完善的社会保障体系，缓解因产业发展而影响社会保障资金的缴存和支付。一是加大支付投入力度。要增加各级财政对社会保障资金的投入力度，确保有充足稳定的资金用于维护社会保障体系的运行，维护社会保障制度的正常运转。二是制定弹性社保缴存机制。结合各地实际和企业发展情况制定具有弹性的社保缴存费率，确保部分经营效益不佳的企业也能够为失业农民工尤其是季节性失业的农民工缴纳一定比例的社会保障金。三是完善社会救济与失业保障机制。建立健全农民工失业保险制度，对于失业的农民工给予一定的社会保障和社会救济，减少农民工因失业而导致家庭陷入贫困的比例。

4. 留守儿童规模扩大

随着我国工业化、城市化进程的加快和市场逐渐成为劳动力资源的配置机制，出现了大规模的人口流动。根据国家卫生健康委员会发布的《中国流动人口发展报告 2018》，我国的年流动人口已逾 2.45 亿，而伴随着流动人口的是大量常年见不到父母留在农村的“留守儿童”。据河南省公布的一项调查数据显示，河南省现有 14 岁以下的“留守儿童”300 余万，这部分“留守儿童”长期缺少父母的关爱和陪伴，主要由爷爷、奶奶、外公、外婆监护，在对他们的管教上很容易出现“三多”和“三缺”问题：隔代监护多溺爱、寄养监护多偏爱、无人监护多失爱；生活上缺人照应、行为上缺人管教、学习上缺人辅导。由于孩子们本身贪玩，缺乏自律意识，相当多的孩子在人格形成过程中出现了缺馅，尤其心理问题十分突出，由此引发的生活、教育、情感、心理等一系列问题日益凸显。目前，由于农村外出务工人员的增多，所导致的农村“留守儿童”问题已成为当前基础教育的一个重要问题。

5. 教育投入需求增加

从二十世纪九十年代农民工子女陆续流入城市以来，出现农民工子女城市就学难、稳定性差等问题。许多学者对流动人口子女教育问题进行了调查研究，如李建平于 1995 年 1 月 21 日《中国教育报》上发表《流动的还在哪上学——流动人口子女教育探讨》一文，从而揭开了农民工子女教育问题的讨论序幕。2000 年全国人口普查结果显示，我国的流动人口超过 1.2 亿，随父母进城的农民工子女有 2000 万左右，其中大约有 100 万适龄儿童不能及时入学，占比达 4.8%，高于全国儿童的相应比例（3.3%）。另外，由于农民工子女就学条件差，许多子女不能按年龄上学，导致农民工子女中普遍存在“超龄”上学现象，超龄上学的比例达到 33.3%。这就说明农民工群体的存在与壮大对城市教育投入也带来了巨大的挑战，一旦城市的农民工数量增加，流入地城市对于农民工子女的教育投入也将相应增加。随着产业的发展和产业转移，流入地农民工的数量以及由此而引起的随迁子女数量也会相应增加，这也将增加流入地的教育投入负担。与此同时，产业输出地和农民工流出地的教育投入也将随之有所减少。

由此可见，随着产业的发展，尤其是产业转移和自动化智能化水平的提升，在很大程度上将会对我国农民工的就业、社会稳定以及社会保障体系产生重要的影响，这就需要未雨绸缪，控制好产业发展和产业转移的节奏，并制定相应的应对措施，确保将产业转移对农民工就业、社会稳定以及社会保障体系的影响降低到最低水平。

## 三、河北产业发展的现状与趋势

### （一）河北产业发展的优势

河北是我国华北地区传统的人口大省和经济大省，具有劳动力资源丰富、区位优势明显、科技创新能力强等特征，而当前京津冀一体化发展和雄安新区的规划建设对河北经济社会发展和产业结构升级带来了千载难逢的发展机遇。

1. 区位优势明显

河北省位于我国华北地区，横跨华北、东北两大地区，环抱首都北京市和天津市，地处东经 113° 27′ – 119° 50′，北纬 36° 05′ – 42° 40′ 之间，总面积为 18.85 万平方公里，北距北京 283 公里，域内受到首都国际机场（还有开通的大兴机场）、天津滨海国际机场和石家庄国际机场三大国际交通枢纽的辐射；河北东部与天津市毗连并紧傍渤海，海岸线长达 487 公里，具有秦皇岛、唐山（分设曹妃甸、京唐两个港区）和沧州三个海滨城市，海港资源丰富，已经建立了三个亿吨大港，具有发展海上物流和钢铁产业的天然优势，是全国物流周转中心之一，也是华北、西北地区重要的出海口；东南部、南部衔山东、河南两省，西倚太行山与山西省为邻，西北部、北部与内蒙古自治区交界，东北部与辽宁省接壤，往来北京和天津的高速公路、高速铁路均要通过河北境内。由此可见，河北省的区位优势十分明显，尤其是隶属廊坊的三河市、大厂县、香河县被称为“北三县”，被北京和天津两市包围，成为河北省的一块“飞地”，为首都的“后花园”，具有十分巨大的发展潜力。

2. 矿产资源丰富

河北省与山西和内蒙古接壤，周边矿产资源和能源资源十分丰富，目前已发现各类矿产资源达到156种，其中探明储量的矿产资源有125种，储量居全国大陆省份前5位的有39种，已探明储量的矿产地1005处，其中大中型矿产地439处，占43.7%。河北省已开发利用矿产地786处，已经有各类矿山企业数量达到6290家，从业人员已经达到40.8万人，年开采矿石总量接近5.0亿吨，采掘业年产值达362亿元，形成了以冶金、煤炭、建材、石化为主的矿业经济体系。目前，河北省是国家确定的13个煤炭基地之一，即冀中煤炭基地。包括：开滦，峰峰、邢台、井陉、蔚县、邯郸、宣化下花园、张家口北部等8个大矿区和隆尧、大城平原含煤区，涵盖了除承德兴隆矿区以外的所有矿区。煤炭探明储量147.1亿吨。河北省境内有华北、冀东、大港三大油田，累计探明储量27亿吨，天然气储量1800亿立方米，天然气年产量近10亿立方米。

3. 劳动资源富集

河北地域辽阔，人口众多，是一个典型的人口大省，在我国各省中排名第六位。截至2017年年底，河北省常住总人口7519.5万，比2016年年末增加了49.5万，其中全省城镇常住人口数量为4136.5万，比2016年年末增加153.5万。近年来，河北省人口城镇化水平不断提升，其中城镇常住人口占总人口比重（即常住人口城镇化率）达到55.0%，比2016年年末提高1.69个百分点；户籍人口占总人口比重（即户籍人口城镇化率）达到39.9%，比2016年年末提高1.16个百分点。在人口出生方面，2017年河北省新生婴儿数量达到98.9万，人口出生率为13.2‰；在人口死亡方面，2017年河北省死亡人口数量达到49.5万，人口死亡率为6.6‰；在人口增长方面，2017年河北省的人口自然增长率为6.6‰，比2016年提高0.54个千分点。与此同时，与河北相邻的山东、河南也都是人口大省，劳动力资源十分丰富，为河北承接海内外产业转移奠定了基础。

4. 政策优势突出

近年来，国家十分重视河北的经济发展，先后出台了一系列支持河北产业发展的政策文件，为河北产业结构调整提供了强有力的政策支持，如将“燕山—太行山”列为国家14个集中连片特困地区之一，制定了《京津冀协同发展规划》，批复了《河北雄安新区总体规划（2018—2035 年）》。为落实党中央国务院对河北的各项战略部署，国家发改委、工业和信息化部、国务院扶贫办等相关部门与河北省共同出台了一系列配套文件，从而将河北的扶贫攻坚、产业发展和经济转型上升为国家战略，并明确将河北定位为产业转型升级试验区，为河北实现高质量发展提供了发展动力和政策支撑，一举改变了河北毗邻京津“大树底下不长草”的尴尬格局。未来，河北将依托京津冀协同发展和雄安新区建设，营造良好的产业发展环境，大力化解过剩产能、治理大气污染、调整产业结构、转变发展方式，建设绿色、循环、低碳的现代产业体系，实现河北经济的转型升级和跨越式发展。

### （二）河北产业发展的现状

近年来，随着产业结构调整和环境污染治理，河北经济总量和结构水平都得到了很大提升，经济总量在国内排前十位，低端产能、落后产能基本淘汰完成，为实现高质量发展创造了条件。目前，随着“一带一路”倡议的实施、京津冀一体化发展战略的提出和雄安新区的规划建设，河北的产业发展面临着巨大的发展机遇。

1. 经济总体规模

近年来，河北经济保持了持续快速增长的势头，经济总量水平、财政收入规模、民营经济发展都保持在较高水平。在经济总量方面，尽管在全国的排名有所下降，经济总量水平仍然较高，2017 年河北省实现生产总值 35964.0 亿元，在全国排名第九位，比 2016 年增长了 6.7%，从而使河北省人均地区生产总值达到 47985 元，比 2016 年增长了 6.0%。在财政收入方面，2017 年河北省全部财政收入 5086.9 亿元，比 2016 年增长 16.4%，其中一般公共预算收入 3233.3 亿元，增长 13.5%；税收收入 2199.0 亿元，增长 10.2%，一般公共预算支出 6615.2 亿元，增长 9.1%。在民营经济发展方面，民营经济已经成为河北经济增长、社会就业和税收贡献的重要产业部门，2017 年河北省民营经济增加值 24406.4 亿元，比 2016 年增长 7.0%；占全省生产总值的比重为 67.9%，比 2016 年提高 0.1 个百分点；全年实缴税金 3125.9 亿元，增长 17.2%；占全部财政收入的比重为 61.4%，提高 0.4 个百分点，吸纳就业人员 2204.2 万人，增长 1.5%。

2. 经济结构水平

近年来，河北加快产业结构调整，坚决落实党中央国务院淘汰化解过剩产能的决策部署，大力削减钢铁、水泥等领域的过剩产能，使得河北产业结构水平不断得到优化。2017 年，河北省第一产业增加值为 3507.9 亿元，增长了 3.9%；第二产业增加值为 17416.5 亿元，增长了 3.4%；第三产业增加值为 15039.6 亿元，增长了 11.3%。由此可见，受淘汰落后和过剩产能的影响，河北省第二产业的增长速度有所放缓，但在三次产业中所占的比重仍然有所提升，由 2016 年的 47.3% 上升为 48.4%。在工业领域中，六大高耗能行业增加值下降了 2.1%，其中煤炭开采和洗选业下降 28.4%，石油加工、炼焦及核燃料加工业下降 8.1%，黑色金属冶炼及压延加工业下降 3.0%，化学原料及化学制品制造业下降 2.0%，非金属矿物制品业增长 3.6%，电力、热力的生产和供应业增长 5.8%；而高新技术产业增加值增长 11.3%，占规模以上工业的比重为 18.4%，其中新能源、生物、电子信息、高端装备技术制造领域增加值分别增长 17.2%、15.3%、14.9% 和 13.9%。由此可见，河北省工业结构水平得到改善，高耗能行业增长速度有所放缓，而高新技术产业增长速度持续提升。

3. 固定资产投资

近年来，河北省持续加大固定资产投资，有力地推动了经济增长和结构调整，为河北产业发展奠定了坚实的基础。在固定资产投资方面，2017 年河北省全社会固定资产投资完成 33406.8 亿元，比 2016 年增长了 5.2%，其中固定资产投资（不含农户）33012.2 亿元，增长了 5.3%。在固定资产投资（不含农户）中，第一产业投资额达到 1648.0 亿元，比 2016 年增长了 7.0%；第二产业投资额达到 16157.8 亿元，增长了 2.5%；第三产业投资额达到 15206.5 亿元，增长了 8.3%；其中工业技改投资额为 9964.8 亿元，增长了 6.3%，占工业投资的比重为 61.6%；基础设施投资 8232.7 亿元，增长了 15.3%，占固定资产投资（不含农户）的比重为 24.9%；民间固定资产投资 25577.0 亿元，增长了 6.4%，占固定资产投资比重为 77.5%，比 2016 年提高了 0.8 个百分点；高新技术产业投资 4354.6 亿元，增长了 5.3%，占固定资产投资（不含农户）的比重为 13.2%。分行业来看，电子信息投资增长 26.6%，新材料投资增长 9.0%，环保产业投资增长 36.0%。在固定资产投资（不含农户）项目中，总投资亿元以上项目 8589 个，比 2016 年增加 1722 个；完成投资 22048.9 亿元，增长 13.4%，占固定资产投资的比重为 66.8%。

4. 技术创新能力

近年来，依托京津冀科教资源的辐射和产业转移，河北省不断加大科技人才引进和科技创新投入力度，全省科技创新能力不断提升，成为推动河北省经济社会发展和京津冀创新能力的重要推动力。2017 年，河北省已经建设 547 家省级及以上企业技术中心、300 家工程技术研究中心和 116 家重点实验室，先后组织实施了 693 个国家和省高新技术产业化项目，其中在建国家重大专项和示范工程项目 54 项，新增国家重大专项和示范工程项目 7 项，为提升科技创新能力和经济社会发展打下了坚实的基础。2017 年，河北省专利申请受理量达到 61303 件，授权量为 35348 件，分别比 2016 年增长了 11.8% 和 11.1%。截至 2017 年年底，河北全省有效发明专利数达到 21499 件，增长了 36.5%，由此可见科技创新能力的提升已经成为推动河北经济社会发展的重要支撑。

5. 检验认证体系

近年来，河北省加大技术检验检测和认证方面的投入，已经形成了完善的检验检测、认证和监测体系。在检验检测方面，截至 2017 年年底，河北省共建有 1907 个产品检测实验室，其中省级及以上检测中心达到 71 个，为企事业单位、社会组织和个人提供检验检测相关服务。在认证方面，目前河北省建立了 3 个产品、体系和服务认证机构，2017 年总共对 3195 个企业强制性产品认证，同时还建立了 180 个法定计量技术机构，全年共对 408.7 万台（件）计量器具进行了强制检定。在监测方面，目前河北省全境建设了 25 个地震台站、73 个地震遥测台网、8 个海洋观测站以及 1 个省级地质环境监测站，测绘部门审核地图 43 件。与此同时，河北省注重加强地方标准的制定、修订相关工作，截至 2017 年年底共制定、修订完成 247 项省级地方标准。

### （三）河北产业转移的趋势

近年来，河北省经济社会发展水平取得了很大进步，经济总量水平较高，已经成为我国华北地区重要的经济大省。2017 年，河北省的国内生产总值达到 35964 亿元[①]，在全国各省的经济总量排名第八位，处于湖北和湖南之间。（详见表 4.3）2017 年，河北省的经济增长速度略低于全国平均水平，达到了

① 河北省统计局、国家统计局河北调查总队，河北省 2017 年国民经济和社会发展统计公报，2018 年 3 月。

6.7%，正处于转型升级和结构调整的关键时期。通过调研的情况来看，河北当前的产业发展呈现出以下几方面的趋势。

1. 以承接京津产业为主

北京、天津和河北两市一省是我国华北地区重要的制造业集聚地，北京在人才培养、科学研究、高端产业发展方面具有明显的比较优势，天津在先进制造、港口经济方面具有一定的比较优势，而河北在劳动力、土地等要素资源方面具有明显的优势，京津冀产业协同发展对推动三地产业转型升级具有十分重要的意义。近年来，京津冀协同发展逐渐上升为国家战略，核心目的是有序疏解北京非首都功能，调整经济结构和空间结构，走出一条内涵集约发展的新路子，探索出一种人口经济密集地区优化开发的模式，促进区域协调发展，形成新的经济增长极。一直以来，由于功能定位的差异，京津冀一省两市之间的产业发展具有很强的互补性，北京和天津在科技研发、人才培养、资金实力方面有很强的优势，尤其是北京、天津地区的装备制造、生物制药、电子信息、食品加工等高端产业比重较高，而河北省的产业以钢铁、石化等重化工业为主，北京要转移出去的产业，正是河北产业转型和结构调整所需要的产业。随着京津冀协同发展和北京疏解非首都功能战略的提出，为河北承接京津产业转移创造了契机。因此，未来相当长一段时期内，河北产业发展的重点在于完善营商环境、承接京津产业转移，最终打造京津冀协同发展的增长极。

**表 4.3　2017 年全国各省 GDP 及增速汇总**

| 排名 | 省份 | 2017 年 GDP 总量（亿元） | 2017 年增长率 |
|---|---|---|---|
| 1 | 广东 | 89879.23 | 8.50% |
| 2 | 江苏 | 85900.94 | 7.20% |
| 3 | 山东 | 72678.18 | 7.40% |
| 4 | 浙江 | 51768 | 7.80% |
| 5 | 河南 | 44988.16 | 7.80% |
| 6 | 四川 | 36980.2 | 8.10% |
| 7 | 湖北 | 36522.95 | 7.80% |
| 8 | 河北 | 35964 | 6.70% |
| 9 | 湖南 | 34590.56 | 8.00% |
| 10 | 福建 | 32298.28 | 8.00% |

续表

| 排名 | 省份 | 2017 年 GDP 总量（亿元） | 2017 年增长率 |
|---|---|---|---|
| 11 | 上海 | 30133.86 | 6.90% |
| 12 | 北京 | 28000.4 | 6.70% |
| 13 | 安徽 | 27518.7 | 8.50% |
| 14 | 辽宁 | 23942 | 4.20% |
| 15 | 陕西 | 21898.81 | 8.00% |
| 16 | 江西 | 20818.5 | 8.90% |
| 17 | 广西 | 20396.25 | 7.30% |
| 18 | 重庆 | 19500.27 | 9.30% |
| 19 | 天津 | 18595.38 | 3.60% |
| 20 | 云南 | 16531.34 | 9.50% |
| 21 | 黑龙江 | 16199.9 | 6.40% |
| 22 | 内蒙古 | 16103.2 | 4.00% |
| 23 | 吉林 | 15288.9 | 5.30% |
| 24 | 陕西 | 14973.5 | 7.00% |
| 25 | 贵州 | 13540.83 | 10.20% |
| 26 | 新疆 | 10920 | 7.60% |
| 27 | 甘肃 | 7677 | 3.60% |
| 28 | 海南 | 4462.5 | 7.00% |
| 29 | 宁夏 | 3453.93 | 7.80% |
| 30 | 青海 | 2642.8 | 7.30% |
| 31 | 西藏 | 1310.6 | 10% |

资料来源：国家统计局

### 2. 自动化水平不断提升

近年来，随着我国劳动力成本的不断上升以及信息化、自动化、智能化水平的提升，我国各地都在通过引进自动化生产线和机器人来替代劳动力，如浙江省率先提出了以“机器换人”为主要内容的“四换三名”计划，自动化、智能化、信息化将逐渐成为制造业发展的重要趋势之一。对河北而言，一方面，近年来河北省劳动力价格水平不断提升。根据河北省统计局的数据，2017 年，全省城镇私营单位就业人员年平均工资为 38136 元，与 2016 年的

36507元相比，增加了1629元，增长4.5%[①]，工资成本的上升使得企业更愿意通过提升自动化、智能化水平替代劳动力。另一方面制造技术水平不断升级。随着河北省产业结构的调整，电子信息、装备制造、钢铁、水泥等领域也都逐渐引入先进技术和设备，产业发展的自动化水平不断提升。通过在唐山钢铁企业的调研发现，绝大部分企业都基本实现了自动化市场，生产车间成为了处于“无人”状态的“黑灯工厂”，工作人员只需在监控室进行操作即可。由此可见，随着北京高端产业的落地以及河北产业结构的升级，制造业自动化、智能化水平的提升将逐渐成为未来产业发展的重要趋势。

3. 淘汰过剩产能是重心

一直以来，河北产业结构以重化工业为主，钢铁、水泥等污染严重、资源浪费较大的产业所占的比重较高，和当前低碳发展理念有很大的差别。以钢铁产业为例，河北省是全国第一钢铁大省，产量占全国的一半，其中河北省的粗钢产量占全球总产量的11.6%，占全国产量的23.9%，而唐山的粗钢产量占全省产量近50%。因此，在河北有世界钢铁产量“中国第一、河北第二、唐山第三”的说法。河北省钢铁、水泥等产业的快速发展不仅给全国造成了产能过剩冲击，而且钢铁产业的发展也给河北及周边地区的自然资源和生态环境造成了巨大的影响。2013年，北京空气三级轻度污染天总计84天，四级中度污染天为47天、五级重度污染有45天、六级严重污染一共13天，全年优良天数共计176天，占全年总天数的48.2%，不足一半，而雾霾天数大概在30天以上。为了整治生态环境，淘汰落后产能和过剩产能成为当前和今后一个时期河北产业转型和结构调整的重要内容。根据河北省政府办公厅印发的《河北省全国产业转型升级试验区规划（2016-2020年）》，到2020年，要进一步压缩钢铁、石化产业规模，不断提升装备制造业规模，使装备制造业占规模以上工业比重达到25%，成为工业第一支柱产业，形成装备、钢铁、石化“三足鼎立”，纺织、食品、建材等多点支撑的工业结构。

4. 制造业仍是发展重点

河北地理位置特殊，而且地域宽阔，具有环绕北京和天津两大直辖市的特殊区位优势，在劳动力和自然资源方面比较北京和天津具有明显的比较优势，劳动力成本较低、自然资源丰富，技术和资本也相对完备，具有承接京

① http://www.66law.cn/laws/143218.aspx

津产业转移的基础和优势。不仅如此，河北省还是一个人口大省，2017 年全省常住总人口数量达到 7519.52 万人①，而要解决众多人口的就业和发展问题只能依靠强大的制造业体系。因此，制造业尤其是先进制造业将是未来河北省产业发展的重点领域和主要方向，只有不断优化河北制造业发展环境、夯实制造业发展基础，才能确保河北的经济转型与结构调整。下一步，河北将继续以工业制造业为主，依托石家庄、唐山、保定、邯郸等区域性中心城市以及以疏解北京非核心功能为主要目标的雄安新区，积极发展机械加工、冶金、服装加工、印刷包装、食品加工、木材加工等传统制造业，并在原有制造业基础上加快产业创新和产业升级，推动节能环保、装备制造、石油化工、钢铁冶金、电子信息等先进制造业发展。

农民工群体具有就业稳定性差、抵御市场风险能力弱的特点，最容易受经济波动和产业发展变化的影响。因此，无论是自动化水平的不断提升，还是淘汰过剩产能和落后产能，都会对农民工群体的就业、收入产生重大影响，进而影响农民工群体的工作生活以及社会的稳定。为此，下一步应当对产业发展对农民工群体的影响进行准确的研判和分析，从而制定完善的政策措施，确保将产业发展对农民工群体产生的影响降到最低。

### （四）河北推动产业转型升级的主要做法

近年来，河北省依托自身产业发展基础和优势，深入推进产业转型升级和结构调整，坚决淘汰化解低端过剩产能、主动调整优化产业结构、加快转变经济增长方式，使产业转型升级取得了积极成效。

1. 坚决淘汰落后产能

一直以来，河北省产业结构中重化工业的比重较高，尤其是钢铁、水泥、平板玻璃等产业占比较大，在很大程度上制约了河北产业的发展。党的十八大以来，河北省为了推动产业结构调整、治理环境污染，实施了“6643”工程，即：到 2017 年压减 6000 万吨钢铁、6000 万吨水泥、4000 万吨煤和 3000 万重量箱平板玻璃。一是成立了领导小组。成立了河北省淘汰落后产能工作领导小组，建立了督导检查、考核奖惩、定期调度、新闻发布等工作制度，形成了政府统一领导、部门各司其职、协会技术服务、企业严格落实的工作

---

① 河北省统计局、国家统计局河北调查总队，河北省 2017 年国民经济和社会发展统计公报，2018 年 3 月。

机制。二是制定了时间表和路线图。河北省印发了《关于进一步加强淘汰落后产能工作的实施意见》等政策文件，从而制定了实现转型升级的时间表和路线图。三是划拨了专项资金。坚持市场化、法治化的改革方向，起草了《河北省2017年利用综合标准依法依规推动落后产能退出工作方案》，严格执行能耗、环保、质量、安全、技术标准，进一步构建多部门、多渠道协同推进工作格局，针对重点行业制定出台更加细化的产能交易实施细则，通过实施产能减量置换实现去产能和促转型的有机结合。2013年—2017年，河北省财政共下拨专项资金近4.5亿元，对水泥、平板玻璃、焦炭等去产能企业给予奖励支持。四是制定完善核查验收制度。严格按照淘汰落后产能企业、县、市、省四级验收标准、验收程序进行检查验收，定期对已公告、已完成淘汰任务企业和设备开展"回头看"工作，确保淘汰落后产能工作经得起时间检验。实行政务公开，严格执行"两公告、一验收、一承诺、一见证"制度，即：每年计划下达、任务完成进行公告；年终进行核查验收；项目申报承诺和现场拆除见证。2013年—2017年间，河北省累计压减炼钢产能6693万吨，压减炼铁产能6642万吨，压减水泥产能7057万吨、平板玻璃产能7173万重量箱，提前超额完成"6643"工程。经过几年的不懈努力，河北去产能工作取得明显成效，行业集中度显著提高，产业布局更趋合理，装备技术水平明显提升，绿色发展进展显著。

2. 积极化解过剩产能

长期以来，河北省依托自身的港口物流优势和矿产资源优势，大力发展了钢铁、水泥等资源型产业，如通过接纳首钢搬迁至唐山而形成了曹妃甸、邯郸等钢铁产业集聚地，从而使河北成为全球钢铁产业的重要生产基地。但是，近年来，随着国内产能的增长和市场需求增速的放缓，国内钢铁、水泥、平板玻璃等行业出现了严重的产能过剩问题，企业之间出现了低水平的规模扩张和相互压价的恶性竞争，制约了行业的持续健康发展。2013年10月15日，国务院发布了《国务院关于化解产能严重过剩矛盾的指导意见》国发〔2013〕41号，要求重点推动山东、河北、辽宁、江苏、山西、江西等地区钢铁产业结构调整，充分发挥地方政府的积极性，整合分散钢铁产能，推动城市钢厂搬迁，优化产业布局，压缩钢铁产能总量8000万吨以上。此后，相关部委制定了一系列化解过剩产能的具体措施，如国家发展改革委办公厅、工业和信息化部办公厅印发了《关于落实化解钢铁过剩产能实现脱困发展实施方案有关工作的通知》（发改运行电〔2016〕397号），国家发展改革委等23部委出台了《关于做好2017年钢铁煤炭行业化解过剩产能实现脱困发展工作的意见》（发改运行〔2017〕691号）。为化解产能严重过剩矛盾、遏制产能盲目扩张，河北省以壮士断腕的勇气和决心坚决削减钢铁、水泥、平板玻璃等行业的过剩产能，推进产业转型升级。一方面，出台了细化方案。河北省先后出台了《化解产能严重过剩矛盾实施方案》，编制了《河北省焦化行业产能减量置换管理办法》和《河北省焦炭产能压减奖补办法》，进一步明确了重点行业化解过剩产能的目标、任务和路径。另一方面，签订了目标责任书。由省政府与有关市签订化解过剩产能目标责任书，并将完成情况纳入设区市党政领导班子和主要领导干部考核评价体系，对工作不作为、慢作为的，按照“属地责任、党政同责”约谈相关责任人。

3. 主动调整产业结构

京津冀协同发展为河北产业结构调整带来机遇，河北省积极作为，主动融入，积极有序承接北京非首都功能疏解和京津两地的产业转移。一是加强顶层设计，建立协同机制。先后出台了《关于贯彻落实〈京津冀协同发展规划纲要〉的实施意见》《河北省推进京津冀协同发展规划》和《河北省全国产业转型升级试验区规划（2016—2020年）》等政策文件，明确了协同发展中河北的功能定位、承接京津项目的具体举措和责任分工。三省市配合工信部编制完成了《京津冀协同发展产业升级转移规划（2015—2020年）》和《京津冀产业转移指南》。省工信厅会同北京市经信委编制完成了《张北云计算产业基地规划（2015—2020年）》，并共同推进了正定新区集成电路封装测试产业园规划制定工作。二是开展立体对接，实现产业融合。河北省确定多个承接京津功能疏解和产业转移重点平台，逐一明确了主导产业和发展方向，建立了京津冀产业转移项目库，涉及620多个项目（包括投产、在建、前期），总投资约8500亿元。2017年1月，为推进产业结构优化工作，京冀两地工业主管部门共同召开京冀产业协同发展联席会议，围绕产业布局优化中的重大问题进行深入交流和对接，进一步完善了京冀两地的沟通互动机制、项目对接机制、问题解决机制。三是推动重大项目，补齐发展短板。京津冀两市一省信息化主管部门联合编制了《京津冀国家大数据综合试验区建设方案》，加快大数据综合试验区建设，共有56万台服务器投入运营。河北省政府出台《加快发展“大智移云”的指导意见》，明确信息化建设的方向，加大与京津在“大智移云”等高端高新产业领域的合作力度，推进重大项目落地，助推工业转型升级。其中北京·沧州渤海新区生物医药产业园已有113家生物医药企业签约入驻，项目总投资达354亿元；中石化曹妃甸千万吨级炼油项目已获国家发改委核准；保定市成为争创“中国制造2025”试点示范城市。四是共建研发基地，推进成果转化。京津冀三地共同成立京津冀技术转移协同创新联盟、石墨烯产业联盟，北京理工大学、北京交通大学、北京航空航天大学与张家口、沧州等市共建创新中心和研发基地；京津冀三地工业和信息化主管部门联合发布了《京津冀协同推进北斗导航与位置服务产业发展行动方案（2017—2020年）》，加快促进北斗卫星导航产业化、规模化发展和示范化应用。2014年以来，河北省累计引进京津项目16300余个，涉及资金达到15384亿元。

4. 加快转变发展方式

为推动河北省产业结构转型升级，河北省委省政府实施了创新驱动发展战略，出台了《关于加快推进工业转型升级建设现代化工业体系的指导意见》。按照“稳、进、好、准、度”的要求和“跳起来够得着”的原则，已经从总量速度、产业结构、企业结构、区域结构、创新能力、两化融合、绿色发展、质量效益8个方面，设定了2020年发展目标：规模以上工业增加值年均增速保持5%以上；战略性新兴产业成为国民经济的重要支柱产业，增加值占GDP比重达到12%，装备制造业第一支柱地位巩固提升；规模以上工业企业研发经费投入强度达到1%以上；两化融合指数在全国位次前进2位；绿色发展水平大幅提升；规模以上工业企业劳动生产率达到35万元/人，工业类名牌产品稳定保持在1200项以上等。在优化区域产业布局方面，打造“一核、四区、多集群”产业差异化发展格局：“一核”即雄安新区高端高新产业发展核心区；“四区”即石保廊创新发展示范区、张承绿色发展示范区、秦唐沧沿海开放发展示范区、邢衡邯特色产业和新兴产业发展“双轮”驱动示范区；“多集群”是通过改造提升一批、聚集发展一批、带动培育一批，打造多个有竞争力的特色产业集群。在构建现代工业产业链体系方面，河北省着力打造7个“战略性新兴产业链”、4个“优势传统产业链”和5个“现代生产性服务业产业链”，每个产业链瞄准先进产业、先进技术、先进产品，明确主攻方向、发展重点、发展路径和重点建设的基地园区。“7个战略性新兴产业链”主要是选择国家鼓励支持、河北有基础、市场有前景、发展有条件、代表未来发展方向的高端装备、电子信息、生物医药、新材料、先进节能环保、新能源和未来产业。4个“优势传统产业链”主要是选择经济总量大、产业基础好、产业链条长、优势特色明显的钢铁、石化、食品、纺织服装工业。5个“现代生产性服务业产业链”主要是选择突破带动性强、新业态新模式特征明显、对工业支撑作用大的工业设计、信息技术服务业、电子商务、现代物流、工业旅游5个产业。河北省政府从提升创新能力、推进融合发展、深化“三品”行动、开展精准招商、推进绿色发展、强化要素支撑、降低企业成本、营造良好环境8个方面制定了政策保障措施。计划每年开发1000项具有自主知识产权、国内领先的新产品新技术；培育建设10个省级以上制造业创新中心；每年滚动实施1000项重点技术改造项目：计划建设300家省级以上智能工厂和数字化车间，建设100个“制造业+互联网”融合发展试点示范项目，实施“机器人+”计划；建设50个军民融合产学研用示范基地；打造一批供应链创新示范企业，鼓励开展合同能源管理等；计划树立70家质量标杆企业，培育80家管理创新示范企业；持续推进千项名牌产品培育工程，打造一批河北工业“百年老店”和“中华老字号”；加强与世界500强等国际知名企业合资合作，建设一批中外产业合作园；加强与北京中关村、深圳工业园等国内高端产业园区合作，共建科技创新园区；千方百计引导新兴产业走向“高大上”，壮大战略性新兴产业砝码，实现“长大于消”“长优于消”。

## 四、产业转移对农民工需求的影响

### （一）产业转移对农民工就业的积极作用

产业转移是社会生产要素资源的重新优化组合，在这个过程中会通过产业转型升级创造新的就业机会，改善农民工就业生活环境，提升工作待遇水平，因此产业转移对农民工就业具有一定的积极作用。

1. 创造新的就业机会

一般而言，产业转移往往是和劳动力就业紧密联系在一起的，尤其是对于产业转移承接地而言，产业的转移往往伴随着劳动力的迁移，并给承接地带来新的就业机会，促进了产业承接地劳动就业的增长，这也是我国各地不断加大招商引资力度、吸引产业落户、做大产业规模的重要原因。改革开放以来，随着海外电子信息、纺织服装、玩具等劳动密集型制造业向我国东部沿海地区的转移，给我国创造了大量的就业机会，使得近3亿农村剩余劳动力从农村土地上解放出来，由从事农业生产的农民转变为从事制造业和服务业的农民工。在这个产业转移过程中，农村大量的剩余劳动力实现了高水平就业，不仅促进了农村劳动生产率的提升，增加了广大农民工的收入，而且促进了我国制造业的发展，为我国建设成为全球重要的制造基地打下了坚实的基础。

2. 用工素质要求提升

根据工业化发展一般规律，产业结构的高级化需要相应的劳动力水平提升为前提和基础，因此产业发展就需要不断提升劳动力素质作为支撑。近年来，我国产业结构的优化升级以及产业技术水平的持续提升，需要大量与之匹配的中高端技术人才，这就对劳动力的素质和能力提出了更高的要求。比如，在调研中发现，为适应企业技术改造和设备自动化、信息化的发展要求，河北许多企业都通过引进和企业自主培养了大量信息技术、智能制造等方面的人才，使得企业员工的整体技术技能和劳动力素质能力有了很大提升。因此，产业发展将会在很大程度上改变农民工的需求结构，对低学历、低素质的农民工需求将会减少，而对高技术、高学历的劳动力需求将会明显增长，客观上促进了农民工就业群体的结构调整和整体素质的提升。

3. 推动产业转型升级

根据产业发展的一般规律，产业转移会遵循市场经济规律，向劳动力价格更便宜、要素资源更丰富、区位条件更加优越的地方转移，这将给产业转移的转出地和承接地产业发展带来新的契机。对产业转移转出地而言，转移出去的产业大都是附加值相对较低、技术相对落后的劳动密集型产业，这在一定程度上将提升产业转移转出地的产业结构水平，如2008年金融危机以来，广东通过“腾笼换鸟”实现了低端产业的转移，促进了广东产业结构的转型升级。对产业转移承接地而言，由于产业转移往往向欠发达地区转移，以充分发挥欠发达地区在劳动力、资源要素等方面的价格优势，这将使得产业转移承接地迎来产业发展和转型升级的机遇。因此，无论对于产业转移转出地，还是对于产业转移承接地而言，产业转移都将推动产业的转型升级。

4. 收入水平有所提升

一般而言，无论是产业的发展与转型，还是劳动力供求结构的调整，都会对农民工的收入水平产生深刻的影响。一是随着低端产业的淘汰和高端产业的增加，我国产业结构将得到不断优化，企业的市场竞争力将得到提升，企业的利润水平、个人的收入水平也将随之提升，从而使得农民工的人均收入水平呈现增长的趋势。二是随着50岁–60岁农民工年龄的增长，这个农民工群体将逐渐退出劳动力市场，由于新生代农民工大都接受过相对良好的教育，主要从事收入水平较高的物流配送、餐饮娱乐等现代服务业，使得收入水平呈不断上升的趋势。《2017年农民工监测调查报告》显示，1980年及以后出生的新生代农民工逐渐成为农民工主体，占全国农民工总量的50.5%，比上年提高0.8个百分点。三是由于农民工供给的总量呈不断下降的趋势，农民工的供给与需求均衡将逐渐打破，农民工供给数量的减少和需求的增加在很大程度上将推动农民工收入水平的增长。上述三方面的因素都将在很大程度上对农民工收入水平产生影响，成为农民工收入水平保持持续上升的重要原因。根据国家统计局公布的统计数据，2017年我国农民工月均收入为3485元，比上年增加210元，增长6.4%。

5. 改善就业生活环境

根据拉尼斯—费景汉修正的二元经济模型，可以将农村剩余劳动力转移划分为三个阶段，其中在工业化发展的第二个阶段，大量的农村剩余劳动力向城市现代产业部门转移，不仅将会有利于城市现代工业部门的资本积累和产业发展，而且在很大程度上还将促进农业劳动生产率水平的提升。在这个过程中，对于农业部门而言，广大剩余劳动力到城市现代工业部门就业，在工作环境、技术技能等方面都要优于在农业领域就业。目前，随着现代工业的发展壮大，广大员工的工作环境得到不断改善，工作岗位管理业越来越人性化，有的工厂甚至在恒温、恒湿的环境中工作。根据课题组在河北省唐山市的调研，目前工人的就业环境已经相当好，绝大部分员工只需要坐在办公室中操作计算机即可，而不用再像以前一样需要亲自到现场劳动，避免了风吹、日晒、雨淋的工作环境。

6. 提升工作待遇水平

产业在不同区域之间的转移是产业发展和结构调整的必然趋势，也是促进各种生产要素价回归价值的重要途径。在产业转移过程中，劳动力需求的数量和质量将发生变化，从而打破劳动力市场的供求平衡。而劳动力市场供求平衡的变化将推动劳动力就业市场的不断发展与成熟，劳动力价值将通过市场价格机制得到公平的定价。在改革开放初期，由于农村剩余劳动力严重过剩，劳动力就业市场发展不成熟，农民工的工作环境和工作待遇较差；而随着劳动力供给的减少和劳动力需求的增加，劳动力市场供求关系逐渐发生重大转移，农民工的工作环境和工作待遇开始不断好转。目前，绝大部分农民工能够享受到基本的医疗保险，而且随着社会保障体系的不断完善，越来越多的企业都开始为农民工缴纳养老保险、失业保险、工伤保险等社会保障，从而极大地提升了农民工的社会保障水平。

### （二）产业转移对农民工就业带来的挑战

根据现有产业发展趋势分析，产业的发展，尤其是产业转移和产业结构的调整将会对农民工的收入水平、岗位要求等方面产生深刻的影响。当前，我国产业转型发展已经进入了一个关键时期，对农民工数量和质量的需求也将出现重大影响，主要表现在人均收入水平将会有所提升、总体就业难度将会加大、农民工失业问题将变得更加严重。随着承接京津高端产业的转移、淘汰低端落后产能以及自动化水平的提升，河北制造业发展对劳动力的需求将会发生重大变化，主要表现在用工数量减少、用工素质提升和用工年龄降低。

1. 用工数量不断减少

信息化、自动化、智能化是当前和今后一段时期产业发展的趋势之一，也是制造业发展的主要方向。而自动化、智能化的发展又会极大地减少劳动力的需求，这既是产业发展的目标，也是产业发展对就业带来的影响。如近年来，浙江省为适应自动化智能化发展趋势以及解决企业“招工难”的问题，主动采取了“机器换人”战略，通过推动企业技术改造减少对劳动力的需求，提升了企业发展的技术水平和效率。2013 年—2016 年，浙江省万元工业增加值用工人数分别下降 9%、8.6%、7.5%、7.4%，相当于四年累计减少了 250 万人的劳动需求，使得全省规模以上工业人均劳动生产率累计提高 33.2%。如果按照浙江省 5657 万人口的比例来推算，河北省大约将减少 370 万个工作岗位，这样对于河北这样的劳动力大省而言，通过提升劳动密集型企业的自动化、智能化水平势必会对就业产生很大的影响。这就需要准确把握技术改造的进度，使得劳动力能够分期分批有序地退出市场，确保产业转移和转型升级对劳动就业的影响降到最低。

2. 用工年龄逐渐降低

当前，随着科学技术的发展，我国已经进入到知识经济时代，产业发展对劳动力的学历、素质、年龄需求都发生了重大变化。尤其是在信息技术、智能制造、节能环保等先进制造领域，需要大量年龄较低、学历较高、具有创新思维的劳动力，而对以体力劳动为主、年龄在50岁–60之间的农民工需求将会迅速下降。据调查，过去农民工主要从事建筑业和制造业，年龄大都在40岁–60岁之间，而随着产业结构的优化升级，对劳动力的年龄需求将发生重大变化，主要集中在25岁–40岁之间，用工年龄的降低为新生代农民工创造了巨大的就业机遇，同时也使得老一辈农民工找到合适的就业岗位将变得越来越困难。为此，这就需要加强社会保障体系建设，不断完善农民工的养老、失业保险机制，确保随着产业结构的优化升级对农民工就业和生活的影响降到最低限度，确保社会的稳定。

3. 流动概率不断提升

一直以来，农民工群体在城市工作生活大都是以挣钱为主要目的，具有流动性较强的特征，已经形成了“哪里需要就往哪里流动”“哪里收入高就往哪里流动”等惯例。随着产业的发展，部分产业从一个地区转移到另一个地区，农民工也会随着产业的转移而实现流动，这将给农民工就业和生活带来了很大的不确定性，也给流出地和流入地社会管理带来了巨大的挑战。随着产业的发展，在农民工转移的过程中，农民工的社保缴存与衔接问题将面临巨大的挑战。由于我国目前尚未建立全国统一的社会保障体系，许多地方在社保缴存方面存在很大的偏差，有的地方缴纳比例较高，而有的地方缴存比例较低，还有的地方企业并未按照规定足额缴存，使得各地的社保缴存参差不齐，这给农民工在迁移过程中的社保缴存带来了巨大的挑战。

4. 就业难度不断加大

对社会而言，居民的就业问题涉及劳动力供给的数量、质量和结构三个方面。在数量方面，劳动力数量在供求上是否达到平衡，在很大程度上决定了劳动力就业的难度，如果劳动力供给数量下降的速度低于劳动力需求减少的速度，将会对劳动力就业及劳动力价格产生重大影响，使得劳动力出现供给过剩的问题，就业将会变得更加困难，而且劳动力价格会出现下降的趋势。在质量方面，随着产业的转型升级，企业对农民工在学历、阅历、技能等方面的素质要求也会不断提升，这将不断增加农民工就业的难度。以浙江省为例，随着“腾笼换鸟”战略的实施，从事体力劳动的农民工需求数量明显下降，四年间大约减少了250万人，而具有一定技术和技能的专业人才需求明显上升，这就为农民工自身能力和素质的提升提出了更高的要求。在结构方面，随着年青一代农民工的出现，他们将不愿从事体力劳动，这使得农民工群体的就业范围变窄，就业难度将进一步加大。因此，未来农民工的就业难度将呈不断加大的趋势。这就需要加强对农民工的培训，通过技能培训不断提升农民工的技术能力和综合素质，确保农民工整体上能够适应产业转型升级的需要，延缓被产业转型升级淘汰的时间。

5. 失业问题更加严重

近年来，我国产业结构不断转型升级，自动化、智能化水平不断提升，使得产业发展对劳动力的需求将持续减少。以调研的唐山为例，近年来随着环境的整治，许多企业开始搬迁或者关闭，导致许多农民工的就业和生活已经受到了严重影响。第一类是完全失业。许多中小型的钢铁企业及钢铁周边企业由于难以达到排放标准被要求强制关闭，而大型钢铁企业也都在技术改造升级过程中采用了自动化水平较高的机器设备，企业对农民工的需求有所减少，使得大量农民工不得不转行从事其他产业，这就造成了一部分农民工处于“完全失业”状态。第二类是季节性失业。失业问题还存在明显的季节性，尤其是每年的冬天和春天，唐山地区的部分污染排放较高的企业为了保障京津冀地区的空气质量，减少对自然环境的污染，只能做临时性关闭，这种临时性关闭使得许多劳动力在每年11月到来年3月期间处于季节性失业状态，也就是说，河北地区很多企业一年大概有5个月处于关闭状态。由于社会保障、工作连续性等方面的限制，处于半失业状态的农民工无法完全辞职从事其他工作，长期在家处于“待业”状态，因此造成了人力资源的巨大浪费。

6. 子女教育诉求加重

一直以来，农民工子女的受教育问题是伴随着我国经济社会发展的一大社会问题，这也造就了数以千万计的“留守儿童”。根据权威调查，中国农村“留守儿童”数量超过了6100万人，相当于英国人口的总和①，其中57.2%的留守儿童是父母一方外出，42.8%的留守儿童是父母同时外出，留守儿童

① 全国妇联：中国农村留守儿童数量超6000万.新华网.2013年05月10日

中的 79.7% 由爷爷、奶奶或外公、外婆抚养，13% 的孩子被托付给亲戚、朋友，7.3% 为不确定或无人监护。在产业转移和农民工迁移的过程中，受影响最大的就是随迁子女的受教育问题，许多农民工子女一直随农民工在城市漂泊，就读农民工子弟学校，而随着农民工工作的转移也会使得子女的学业面临中断，如果流入地没有找到能够接收子女入学的学校，就只能回到老家农村接受义务教育，重新成为农村“留守儿童”。由于广大留守儿童长期缺乏父母的陪伴，没有得到很好的监护、照顾和家庭教育，在义务教育、心理成长、性格发育方面都会面临严重的问题，从而使得农民工的转移导致子女受教育问题凸显。

由此可见，随着产业转移和转型升级的推进，大量年龄在 50 岁左右的农民工因年龄被淘汰，这些农民工的文化程度普遍较低，重新学习新技术、新技能的难度较大，因此年龄在 50 岁 –60 岁左右的农民工是受产业发展影响最大的群体，而掌握了现代信息技术、职业技能的新生代农民工受产业发展的影响相对较小。

# 第五章

# 城市化与农民工就业

## 一、我国城市化发展的现状与趋势

### （一）我国城市化发展的现状

城市化水平的整体评价体系主要包括城市人口比重（城市人口实际包括非农业人口、居住城区的农业人口和流动人口）、适龄人口入学率、人均国内生产总值、城市第三产业占国内生产总值比重、城市人均道路铺装长度、城市用自来水普及率、城市人均住房面积、万人拥有医生数、人均公共绿地面积等要素，其中城市化总体水平、大中城市数量和城市建设投入是衡量城市化水平的重要指标。

1. 城市化的总体水平

进入二十一世纪以来，随着我国经济社会的持续快速发展，我国城市人口的比重也在不断提升，成为扩大内需、拉动经济增长的重要动力。1978 年，我国城市人口规模为 1.7250 亿，占全国人口比重达到 17.92%；2017 年我国城市人口规模达到 8.1347 亿，占全国总人口比重达到 58.52%。由此可见，四十年间我国城市化水平翻了两番。2011 年是我国城市化发展关键的一年，根据国家统计局的数据，我国城镇人口数量达到 69079 万人，城镇人口占总人口比重达到 51.27%，比上年末提高 3.77 个百分点，意味着中国城镇人口首次超过农村人口，我国城市化发展进入了转型发展的关键阶段。（详见表 5.1）根据联合国的估测，世界发达国家的城市化率在 2050 年将达到 86%，我国的城市化率在 2050 年将达到 72.9%。由此可见，近二十年以来，以及未来三十年，我国的城市化都处在一个快速提升的过程，这也为我国产业发展和劳动力就业带来了巨大的挑战。

## 表 5.1 1949–2016 年中国城镇化人口大数据

1949–2016 年中国城镇化人口大数据（山川网）

| 年份 | 人口（万） | 城市人口（万） | 新增城市人口（万） | 城市化率（%） | 增长率（%） |
|---|---|---|---|---|---|
| 1949 年 | 54167 | 5763.37 | – | 10.64 | – |
| 1950 年 | 55196 | 6170.91 | 298.06 | 11.18 | 0.54 |
| 1951 年 | 56300 | 6632.14 | 337.80 | 11.78 | 0.6 |
| 1952 年 | 57482 | 7162.26 | 390.88 | 12.46 | 0.68 |
| 1953 年 | 58796 | 7825.75 | 499.77 | 13.31 | 0.85 |
| 1954 年 | 60266 | 8250.42 | 229.01 | 13.69 | 0.38 |
| 1955 年 | 61465 | 8285.48 | –129.08 | 13.48 | 0.21 |
| 1956 年 | 62828 | 9185.45 | 716.24 | 14.62 | 1.14 |
| 1957 年 | 64653 | 9950.10 | 497.83 | 15.39 | 0.77 |
| 1958 年 | 65994 | 10724.03 | 567.55 | 16.25 | 0.86 |
| 1959 年 | 67207 | 12372.81 | 1451.67 | 18.41 | 2.16 |
| 1960 年 | 66207 | 13075.88 | 887.17 | 19.75 | 1.34 |
| 1961 年 | 65859 | 12704.20 | –302.95 | 19.29 | 0.46 |
| 1962 年 | 67296 | 11662.40 | –1319.00 | 17.33 | –1.96 |
| 1963 年 | 69172 | 11648.56 | 338.94 | 16.84 | –0.49 |
| 1964 年 | 70499 | 12950.67 | 1078.63 | 18.37 | 1.53 |
| 1965 年 | 72538 | 13042.33 | –282.90 | 17.98 | 0.39 |
| 1966 年 | 74542 | 13313.20 | –89.45 | 17.86 | 0.12 |
| 1967 年 | 76368 | 13547.68 | 91.64 | 17.74 | 0.12 |
| 1968 年 | 78534 | 13837.69 | –94.24 | 17.62 | –0.12 |
| 1969 年 | 80671 | 14117.43 | 96.81 | 17.5 | 0.12 |
| 1970 年 | 82992 | 14424.01 | –99.59 | 17.38 | 0.12 |
| 1971 年 | 85229 | 14710.53 | 102.27 | 17.26 | 0.12 |
| 1972 年 | 87177 | 14933.42 | –113.33 | 17.13 | 0.13 |
| 1973 年 | 89211 | 15344.29 | 62.45 | 17.2 | 0.07 |
| 1974 年 | 90859 | 15591.40 | 36.34 | 17.16 | –0.04 |
| 1975 年 | 92420 | 16025.63 | 166.36 | 17.34 | 0.18 |
| 1976 年 | 93717 | 16344.24 | 93.72 | 17.44 | 0.1 |
| 1977 年 | 94974 | 16667.94 | 104.47 | 17.55 | 0.11 |

续表

| 年份 | 人口（万） | 城市人口（万） | 新增城市人口（万） | 城市化率（%） | 增长率（%） |
|---|---|---|---|---|---|
| 1978 年 | 96259 | 17249.61 | 356.16 | 17.92 | 0.37 |
| 1979 年 | 97542 | 19498.65 | 2019.12 | 19.99 | 2.07 |
| 1980 年 | 98705 | 19138.90 | -592.23 | 19.39 | 0.6 |
| 1981 年 | 100072 | 20174.52 | 770.55 | 20.16 | 0.77 |
| 1982 年 | 101654 | 21479.49 | 986.04 | 21.13 | 0.97 |
| 1983 年 | 103008 | 22270.33 | 504.74 | 21.62 | 0.49 |
| 1984 年 | 104357 | 24012.55 | 1450.56 | 23.01 | 1.39 |
| 1985 年 | 105851 | 2509.72 | 740.96 | 23.71 | 0.7 |
| 1986 年 | 107507 | 26360.72 | 870.81 | 24.52 | 0.81 |
| 1987 年 | 109300 | 27674.76 | 874.40 | 25.32 | 0.8 |
| 1988 年 | 111026 | 28655.81 | 544.03 | 25.81 | 049 |
| 1989 年 | 112704 | 29539.72 | 450.82 | 26.21 | 0.4 |
| 1990 年 | 114333 | 30195.35 | 228.67 | 26.41 | 0.2 |
| 1991 年 | 115823 | 30542.53 | -46.33 | 26.37 | 0.04 |
| 1992 年 | 117171 | 32374.35 | 1476.35 | 27.63 | 1.26 |
| 1993 年 | 118517 | 33350.68 | 604.44 | 28.14 | 0.51 |
| 1994 年 | 119850 | 34301.07 | 575.28 | 28.62 | 0.48 |
| 1995 年 | 121121 | 35173.54 | 508.71 | 29.04 | 0.42 |
| 1996 年 | 122389 | 35945.65 | 403.88 | 29.37 | 0.33 |
| 1997 年 | 123626 | 36988.90 | 679.94 | 29.92 | 0.55 |
| 1998 年 | 124761 | 37927.34 | 598.85 | 30.4 | 0.48 |
| 1999 年 | 125786 | 38855.30 | 616.35 | 30.89 | 0.49 |
| 2000 年 | 126743 | 45906.31 | 6755.40 | 36.22 | 5.33 |
| 2001 年 | 127627 | 48064.33 | 1837.83 | 37.66 | 1.44 |
| 2002 年 | 128453 | 50212.28 | 1836.88 | 39.09 | 1.43 |
| 2003 年 | 129227 | 52375.70 | 1860.87 | 40.53 | 1.44 |
| 2004 年 | 129988 | 54282.99 | 1598.85 | 41.76 | 1.23 |
| 2005 年 | 130756 | 56212.00 | 1608.30 | 42.99 | 1.23 |
| 2006 年 | 131448 | 57705.67 | 1196.18 | 43.9 | 0.91 |
| 2007 年 | 132129 | 59378.77 | 1374.14 | 44.94 | 1.04 |

续表

| 年份 | 人口（万） | 城市人口（万） | 新增城市人口（万） | 城市化率（%） | 增长率（%） |
|---|---|---|---|---|---|
| 2008 年 | 132802 | 60663.95 | 982.73 | 45.68 | 0.74 |
| 2009 年 | 133450 | 62174.36 | 1214.40 | 46.59 | 0.91 |
| 2010 年 | 134091 | 63693.23 | 1220.23 | 47.5 | 0.91 |
| 2011 年 | 134735 | 69078.63 | 5079.51 | 51.27 | 3.77 |
| 2012 年 | 135404 | 71181.88 | 1760.25 | 52.57 | 1.3 |
| 2013 年 | 136072 | 73070.66 | 1537.61 | 53.7 | 1.13 |
| 2014 年 | 136782 | 74915.50 | 1463.57 | 54.77 | 1.07 |
| 2015 年 | 137462 | 77116.18 | 1828.24 | 56.1 | 1.33 |
| 2016 年 | 138271 | 79298.42 | 1728.39 | 57.35 | 1.25 |

2. 大中城市数量规模

大中城市的数量是一个动态变化的概念，随着人口规模的相对变化而不断变迁，曾经辉煌的大城市今天繁荣不再，而一些并不起眼的小地方却演变为繁华的大都市，这使得大城市的评判标准也发生了变化。例如，在二十世纪八十年代，人口规模在 100 万以上的城市都能算大城市，此时我国大城市的数量较少，许多省会城市都还达不到大城市的标准。随着我国人口的快速增长和城市化的快速推进，城市容纳人口的能力也不断提升，许多城市的人口数量迅速突破了千万级，因此，2014 年我国大城市的标准调整到人口规模 100 万 -500 万，而人口规模达到 1000 万以上的城市为超大城市，人口规模在 500 万 -1000 万的城市为特大城市，而人口规模在 50 万 -100 万之间为中型城市。（详见表 5.2）

**表 5.2　我国城市常住人口数量**

| 排名 | 城市名称 | 城市人口（万） | 城区人口（万） | 城市级别 | 城市类型 |
|---|---|---|---|---|---|
| 1 | 上海 | 2419.7 | 2419.7 | 直辖市 | 超大型城市 |
| 2 | 北京 | 2172.9 | 1879.6 | 直辖市 | 超大型城市 |
| 3 | 重庆 | 2907.4 | 1453 | 直辖市 | 超大型城市 |
| 4 | 广州 | 1759.5 | 1334.1 | 省会城市、副省级城市 | 超大型城市 |
| 5 | 深圳 | 1190.8 | 1190.8 | 副省级城市 | 超大型城市 |
| 6 | 天津 | 1360.4 | 940.1 | 直辖市 | 特大型城市 |

续表

| 排名 | 城市名称 | 城市人口（万） | 城区人口（万） | 城市级别 | 城市类型 |
|---|---|---|---|---|---|
| 7 | 武汉 | 1121.6 | 705.8 | 省会城市、副省级城市 | 特大型城市 |
| 8 | 成都 | 940.5 | 690.4 | 省会城市、副省级城市 | 特大型城市 |
| 9 | 东莞 | 628.7 | 628.7 | 地级市 | 特大型城市 |
| 10 | 南京 | 703.1 | 627.2 | 省会城市、副省级城市 | 特大型城市 |
| 11 | 郑州 | 748.3 | 596.5 | 省会城市、副省级城市 | 特大型城市 |
| 12 | 杭州 | 900.0 | 562.9 | 省会城市、副省级城市 | 特大型城市 |
| 13 | 沈阳 | 649.7 | 536.2 | 省会城市、副省级城市 | 特大型城市 |
| 14 | 哈尔滨 | 620.2 | 479.9 | 省会城市、副省级城市 | 大型城市 |
| 15 | 青岛 | 525.8 | 441.6 | 副省级城市 | 大型城市 |
| 16 | 西安 | 629.2 | 436.0 | 省会城市、副省级城市 | 大型城市 |
| 17 | 合肥 | 455.5 | 400.3 | 省会城市、地级市 | 大型城市 |
| 18 | 昆明 | 443.4 | 393.6 | 省会城市、地级市 | 大型城市 |
| 19 | 太原 | 387 | 368 | 省会城市、地级市 | 大型城市 |
| 20 | 长春 | 479.2 | 356.3 | 省会城市、副省级城市 | 大型城市 |
| 21 | 大连 | 412.8 | 352.2 | 副省级城市 | 大型城市 |
| 22 | 长沙 | 351.5 | 351.5 | 省会城市、地级市 | 大型城市 |
| 23 | 济南 | 481.5 | 335.2 | 省会城市、副省级城市 | 大型城市 |
| 24 | 厦门 | 520.1 | 325.6 | 副省级城市 | 大型城市 |
| 25 | 南宁 | 539.8 | 314.6 | 省会城市、地级市 | 大型城市 |
| 26 | 乌鲁木齐 | 312.3 | 312.3 | 省会城市、地级市 | 大型城市 |
| 27 | 苏州 | 450.9 | 312.2 | 地级市 | 大型城市 |
| 28 | 宁波 | 468.8 | 284.6 | 副省级城市 | 大型城市 |
| 29 | 石家庄 | 472.7 | 283.6 | 省会城市、地级市 | 大型城市 |
| 30 | 南昌 | 336.9 | 274.2 | 省会城市、地级市 | 大型城市 |
| 31 | 贵阳 | 319 | 267 | 省会城市、地级市 | 大型城市 |
| 32 | 汕头 | 582 | 260 | 地级市 | 大型城市 |
| 33 | 兰州 | 268.9 | 251.3 | 省会城市、地级市 | 大型城市 |
| 34 | 无锡 | 297.1 | 251.1 | 地级市 | 大型城市 |
| 35 | 福州 | 275.4 | 249.3 | 省会城市、地级市 | 大型城市 |
| 36 | 洛阳 | 260.6 | 236.9 | 地级市 | 大型城市 |

续表

| 排名 | 城市名称 | 城市人口（万） | 城区人口（万） | 城市级别 | 城市类型 |
|---|---|---|---|---|---|
| 37 | 佛山 | 654.3 | 210.3 | 地级市 | 大型城市 |
| 38 | 临沂 | 319.8 万人 | 207.1 | 地级市 | 大型城市 |
| 39 | 温州 | 225.0 万人 | 205.0 | 地级市 | 大型城市 |
| 40 | 唐山 | 309.1 万人 | 198.0 | 地级市 | 大型城市 |
| 41 | 呼和浩特 | 194.5 万人 | 194.5 | 省会城市、地级市 | 大型城市 |
| 42 | 惠州 | 263.1 万人 | 193.9 | 地级市 | 大型城市 |
| 43 | 包头 | 285.2 万人 | 189.4 | 地级市 | 大型城市 |
| 44 | 常州 | 351.9 万人 | 187.7 | 地级市 | 大型城市 |
| 45 | 邯郸 | 355.7 万人 | 185.2 | 地级市 | 大型城市 |
| 46 | 珠海 | 225.0 万人 | 183.0 | 地级市 | 大型城市 |
| 47 | 徐州 | 328.7 万人 | 182.9 | 地级市 | 大型城市 |
| 48 | 烟台 | 220.7 万人 | 182.4 | 地级市 | 大型城市 |
| 49 | 淄博 | 308.3 万人 | 173.6 | 地级市 | 大型城市 |
| 50 | 柳州 | 174.9 万人 | 166.3 | 地级市 | 大型城市 |

资料来源：《中国城市建设统计年鉴 2018》

### 3. 城市群特征较明显

根据联合国的数据，2008 年全球城市人口超过农村人口，世界已经进入了城市化发展阶段，全球城市化呈现三大发展趋势，一是世界已经是城市的世界，城市发展已经是世界发展的主流；二是城市化在加速、大城市化在加速、大城市群化在加速；三是大交流和大交易成为推动城市化、大城市化、大城市群化的引擎。目前，随着我国城市化的发展和城市规模的扩张，我国城市化已经呈现出以珠三角、长三角和京津冀三大城市群为代表的中国城市群化发展特征。三大城市群不仅是我国经济增长的重要引擎，而且以其快速的发展速度和集聚效应成为我国人口和要素大规模流动的重要目的地。据统计，珠三角城市群、长三角城市群、京津冀城市群的常住人口数量占全国地级及以上城市人口总数的 23.4%，三大城市群共接纳了总共超过 6000 万人口的净流入。伴随着人口和创新要素向大城市群的迁移和聚集，我国经济也出现向城市群特别是三大城市群聚集的新动向，三大城市群逐渐成为我国创业创新和经济增长的主要推动力。

4. 就业带动效果明显

城市化是一个人口由农村、山区和牧区向城市地区集聚，逐渐由乡村地区转变为城市地区的过程，城市化过程可分为人口城市化、产业城市化和地域城市化三个方面。人口城市化是指城市人口占总人口的比重，是反映城市化水平的重要指标；地域城市化是指城市化的空间范围，是衡量城市化规模的重要指标；而产业城市化是指城市经济规模，是城市化发展的根本动力，也是衡量城市化发展水平的重要指标。从产业角度来看，城市化是指劳动力从传统的农牧渔业向制造业、建筑业和服务业转移的过程，是经济社会发展的必然结果。也就是说，城市化水平的提升不仅是以城市二三产业发展为基础，而且城市化发展会带动大量的城市二三产业发展，从而创造和增加新的就业机会，因此，城市化水平直接关系到社会就业的总规模，从而使城市化成为广大发展中国家经济发展的重要标志之一。与此同时，由于城市居民收入水平和生活水平要远高于农村地区，因此城市化水平的提升和城市人口规模的扩张，也会极大地促进居民收入水平和生活水平的提升。

## （二）我国城市化发展的趋势

新中国成立以来，尤其是经过近四十年的改革开放，我国城市化水平得到大幅提升，成为我国经济增长的重要动力。国家统计局最新发布的数据显示，2017 年年末，我国城镇常住人口 81347 万，比上年末增加 2049 万；城镇人口占总人口比重（城镇化率）为 58.52%，比上年末提高 1.17 个百分点。尽管我国的城市化水平距离发达国家还有很大的差距，但我国城市化水平已经达到较高水平，进入了城市化发展的中后期，不可能再出现人口大规模地进入城市，因此我国城市化发展进入了一个转型期。具体而言，我国城市化发展呈现出人口和经济向大城市群集聚程度越来越高、大交流促使大发展、创新引领产业结构调整和经济转型、空间均衡理念渐成城市发展主调、循环发展为本的观念渐成主流、大文化充实城市发展内涵等六大趋势①。

1. 大交流促进大发展

四十年来，改革开放的深入推进极大地促进了我国经济社会的持续快速

① 东京经济大学周牧之教授在“中国城镇化的转型与新生——《中国城市综合发展指标 2016》研讨会”上的发言，经济参考报。

发展，也为我国大城市和城市群的发展提供了持续的动力，尤其是使得东部沿海地区的大城市和城市群与国际市场资源和要素能够迅速地交流与融合，促进了东部沿海地区经济社会的发展。而经济的持续快速发展又吸引了更多的资源和要素往东部沿海地区的城市聚集，这也是目前我国大城市和城市群都集中在珠三角、长三角、京津冀等经济较为发达、物流比较便利的东部沿海地区的重要原因。而中西部地区，尤其是西部地区的兰州、银川等历史上处于交通枢纽的大城市由于改革开放之后人口和要素流通缺乏优势，导致其经济社会发展受到很大的限制，在很大程度上制约了城市规模的扩张，经济发展水平和城市人口规模远远落后于东部沿海地区的新兴城市。

2. 创新引领结构调整

近年来，随着城市化的快速推进和高端人口的不断聚集，以珠三角城市群、长三角城市群、京津冀城市群为代表的城市群创新能力正不断提升，为信息经济条件下知识经济的持续快速发展提供重要支撑。目前，珠三角城市群、长三角城市群、京津冀城市群三大城市群不仅是我国经济最发达的地区，三大城市群的 GDP 总量占全国 GDP 总量的比重超过了 40%[①]；也是科研人员最为集中、创新能力最强的地区，科研人员数量约占全国的 49.6%，因此三大城市群的专利授权量约占我国专利授权总数的 58.9%，也就是说，接近 6 成的专利贡献来自于这三大城市群，这也是三大城市群成为我国优质上市企业数量最多的地区，约占我国上市公司总数的 6 成，其中珠三角城市群占全国的 13.7%，长三角城市群占 29.3%，京津冀城市群占 12%。

3. 空间均衡理念成主调

空间均衡发展就是指在一定的地域空间范围内，实现人口（社会）、经济和资源环境三者之间的均衡，从而更好地落实区域经济的科学、协调、全面发展，这也是推进城市绿色发展、人与自然和谐发展的重要保障。在改革开放初期，由于城市规模较小，对城市发展缺乏科学规划和合理布局，没有以资源环境的承载力和各地要素禀赋优势来对城市的发展规模、产业布局进行限制，导致许多城市漫无边际地发展壮大，既挤占了大量宝贵的耕地资源，又极大地提高了城市运行和管理的成本，大大降低了城市管理的效率，从而违背了城市化发展的初衷。近年来，城市发展的空间均衡理念和原则逐渐为

① 中国发展研究基金会，《中国城市群一体化报告》，2019

广大城市规划者和社会各界所接受，空间均衡发展成为城市建设和产业布局的主调，协调发展、系统规划理念已经成为各地城市化发展的指导思想。

4. 绿色循环发展成主流

一直以来，由于缺乏科学的指导，我国经济的高速增长在很大程度上是以牺牲环境和资源为代价，造成了大量的环境污染和生态破坏，这种“污染换发展”“先污染后治理”的增长模式短期可以维持，但长期来讲不具有可操作性，因此不利于经济社会的持续发展。党的十八大以来，结合我国城市化进程中暴露出的各种问题，我国逐渐提出并形成了“绿水青山就是金山银山”的发展理念，更加注重对自然生态环境的保护，走循环、低碳、可持续的发展模式。经过近十年的实践和探索，以生态环境保护为前提的绿色发展、循环发展为本的观念正逐渐成为中国城市发展的主流，而且在党的十八大之后更加得到广大群众的认可和支持，绿色经济、循环经济、低碳经济等概念将日益盛行，并成为保障我国产业健康发展的重要手段和带动我国经济持续增长的重要支撑力量。

5. 注重城市文化软实力

改革开放四十年以来，我国不断加快工业化、城镇化、现代化发展步伐，并通过在县域经济的赛跑中实现了经济的持续高速增长，尤其是在改革开放前三十年间，经济增长速度长期保持在两位数的高速增长态势。在这个过程中，形成了一系列衡量城镇化规模的单项指标，如公路、机场、房地产等指标，使得城市规模快速扩张，城市人口迅速增长，房地产得到飞速发展。但是，过去的发展主要注重城市发展的规模方面，不断提升城市建设的硬件环境，而对文化方面的软实力重视不够，使得国内大部分城市存在“看起来都一样”的情况，城市之间没有个性和特色。为此，未来城市化发展要注重软实力建设，增加文化、风俗、民族等方面的软环境建设投入，以文化建设充实城市发展内涵、带动城市发展的新趋势，这将使得城市化的文化软实力得到不断加强。

### （三）我国城市化发展存在的问题

近年来，随着我国经济的持续快速增长，我国城市化规模和质量得到快速提升，反过来又成为推动我国经济增长的重要动力。但与此同时，我国城市化过程中也暴露出房价成本较高、建设缺乏规划、公共服务滞后、大城市病严重等一系列问题，成为制约城市化进程和产业发展的重要障碍。

1. 房价成本较高

进入二十一世纪以来，我国住房制度改革拉开了帷幕，在经济持续增长、城市化快速推进等要素的推动下，我国各地房地产市场得到快速发展，住房价格也呈现快速增长的势头。依靠房地产市场快速发展而增加的财政收入成为许多地方政府财政收入的重要组成部分，甚至形成了地方政府的“土地财政依赖症”。2018 年，国家统计局发布了 2018 年 8 月份 70 个大中城市住宅销售价格统计数据，纳入统计的石家庄、唐山、秦皇岛 3 个城市都表现出上升趋势，其中石家庄同比上涨了 6.5%、唐山上涨了 9.6%、秦皇岛上涨了 10.7%。

**表 5.3 石家庄城区房价变化情况**

| 区域 | 2018 年 7 月 | 2018 年 8 月 | 变化幅度 |
|---|---|---|---|
| 长安区 | 17221 | 17426 | 1.19% |
| 桥西区 | 20812 | 20450 | −1.74% |
| 裕华区 | 16850 | 18527 | 9.05% |
| 新华区 | 16186 | 16306 | 0.74% |
| 开发区 | 13792 | 13839 | 0.34% |
| 鹿泉区 | 13477 | 13477 | —— |
| 栾城区 | 10125 | 10125 | —— |
| 正定（含正定新区） | 13486 | 12871 | −4.56% |
| 藁城区 | 10300 | 10300 | —— |

资料来源：国家统计局，2018 年 8 月

从石家庄的房价可以看出，目前房价均在 10000 元以上，其中桥西区的房价水平已经超过了 20000 元的标准。（详见表 5.3）然而，实际上石家庄的房价在河北和京津冀地区只能算中等，廊坊、保定等城市的房价水平也都达到了较高水平，高房价给产业发展带来了巨大的压力。一方面，企业的土地成本在高房价背景下被不断推高，给企业带来了巨大的负担，另一方面是员工收入水平也会随着房价的上涨而增加，使得企业的生产经营成本不断提升，降低了制造业的利润空间和生存空间，不利于我国制造业的转型升级和可持续发展。

2. 建设缺乏规划

一直以来，我国城市建设都确定长远的规划设计，许多城市建设缺乏清晰的思路和主线，很多地方出于政府政绩的考核，频繁调整规划思路和建设项目，造成了巨大的城市建设资源浪费。但是，多年以来，在房地产高速发展的背景下，城市土地开发和城市建设出现了被房地产业“牵着鼻子走”的状态。许多城市缺乏超前规划、科学规划，出现了以“房地产为中心”的发展思路，城市化与工业化之间、城市发展与环境承载力之间、房地产建设与市场需求之间出现了严重的不匹配，许多建设项目都属于“救急”“应急”，而没有达到“治未病”的效果，这种缺乏规划的城市建设思路在很大程度上制约了城市发展效率的提升。党的十八大以来，习近平总书记提出了“一张蓝图绘到底”“功成不必在我”等战略思路，这种大拆大建的现象才得到遏制，许多城市建设开始重视“规划先行”，制定了长远的发展规划和战略，确保了未来城市建设与发展的科学性。

3. 公共服务滞后

房地产业的快速发展使得城市的交通、通信、商场、学校、医院等公共配套设施建设严重滞后于城市化发展步伐，而且城市建设与产业发展没有实现融合，使得许多地方的建设出现了“鬼城”“睡城”等奇特现象。例如，位于河北廊坊三河市的燕郊镇，由于距离北京通州区较近，吸引了北京大量人口的聚集，使得一个华北小镇人口居然达到了 120 多万（2016 年）。但是，由于燕郊本地缺乏以制造业、服务业为主的产业支撑和配套的教育、医疗等公共服务，使得燕郊成为京津冀地区著名的“睡城”，许多人都处于“在河北睡觉，在北京上班”的状态。这种情况并非个例，如鄂尔多斯新城康巴什、东戴河新区、京津城市间的别墅群等都是因房地产快速发展而产业配套不足而成为无人居住的“鬼城”，这在很大程度上降低了我国城市化发展的质量和水平，造成了大量资源的浪费。

4. 大城市病严重

随着我国经济的持续快速发展，城市化的进程不断推进，城市的人口规模和建成面积也在不断扩大，越来越多的人也开始涌入教育、医疗等条件更加完善的大中城市，使得交通拥堵、效率低下、成本上升、住房困难、资源紧张等问题日益恶化，“大城市病”效应变得越来越严重。以城市交通为例，随着城市规模的扩大和人口的增加，我国各大城市的城市交通拥堵情况变得日益严重，而且城市规模越大，城市交通拥堵现象越严重，居民大量的时间耗费在路途中。根据北京师范大学发布的《2015 中国劳动力市场发展报告》显示，在我国 4 个一线城市中，北京的平均通勤时间最长，达到了 97 分钟，而广州、上海、深圳等一线城市的通勤时间也接近或超过了 90 分钟。由此可见，随着我国城市化进程的推进，大量人口涌入大中城市，使得我国超大城市和特大城市的数量不断增加、规模不断扩大，已经造成了很严重的“大城市病”，在很大程度上已经制约了我国城市化的健康持续发展。

## 二、河北城市化的现状与趋势

### （一）河北城市化的现状

作为华北重要的人口大省和资源大省，河北省一直重视城市建设和推进城市化进程，城市化发展的整体水平走在全国前列，尤其是大城市数量和规模都处于全国中上水平。近年来，随着京津冀一体化的推进和雄安新区的规划建设，河北不断加大城市教育、文化、科技创新等方面的建设投入规模和比重，使得城市化的质量水平得到不断提升，城市化已经成为推动河北经济社会发展的重要动力。

1. 城市化水平

近几年来，河北省城镇化水平得到不断推进，人口城镇化率呈不断提高的趋势，成为推动河北省结构调整和转型升级的重要动力。根据河北省住房和城乡建设部门的资料，2017 年河北省的城镇化率已经达到 55% 左右，比 2016 年提高了 1.7 个百分点。在人口城镇化率方面，根据河北省统计局公布的数据，2018 年年初河北省常住人口的城镇化率达到了 55.01%，与住房城乡建设部门公布的数据相当。河北区域位置较为特殊，全境围绕北京市和天津市，因此各地市的人口城市化水平也有很大差别，尤其是唐山，过去几年间唐山的城市化率逐年提升，提升幅度连续 4 年都超过了 1.2 个百分点，其人口城镇化成为拉动全省城镇化发展的重要动力。2018 年年初，唐山市全市城镇总人口数量为 486.78 万，比 2016 年增长了 2.7%，占人口总数的比重达到 61.64%，比上年提高了 1.23 个百分点，人口城镇化水平比全省高出 6.63 个百分点。

2. 城市化质量

河北省幅员辽阔，总面积为 18.88 万平方千米，是中国唯一兼有高原、山地、丘陵、盆地、平原、湖泊和海滨的省份，因此河北省的城市化发展水平也具有显著的特征，各个城市的城市化发展质量和水平存在较大的差别。一方面，河北省人口城镇化水平已经超过了50%，城市化发展已经进入了中后期，具有石家庄、唐山、保定、廊坊等城市化水平较高的特大型城市；但另一方面，河北省的贫困程度还比较高，尤其是处于燕山太行山集中贫困特困地区的核心地带，目前仍有行唐县、灵寿县、赞皇县等28个贫困县，脱贫攻坚的任务仍然较为艰巨。因此，河北省的城市化总体质量水平还有很大的提升空间，随着脱贫攻坚战略的实施和结构调整的深入推进，河北省的人口城镇化质量水平会有很大提升，而且空间分布不均衡的问题也会得到很大的改善。

3. 大城市数量

河北省的大城市数量与行政区划调整有几大关系，或者说，河北省大城市数量在很大程度上反映了行政区划的变迁。在1992年年底，河北省辖8地区、10地级市，共18个地级单位；1993年年底，河北省行政区划进行了调整，辖2地区、10地级市，地市合并后减少到了12个。1993年的时候撤销了石家庄地区、张家口地区、沧州地区、邯郸地区、邢台地区、承德地区这6个地级单位，实行地、市合并，造成河北地级单位数量剧减，这也是河北省城市化一直较低的原因。目前，河北省共下辖11个地级市以及一个刚成立两年的雄安新区，总人口数量达到7470.05万（2016年），常住人口城镇化率为53.32%，户籍人口城镇化率为38.72%。在城市规划上，河北现在的11个地级市中，秦皇岛、承德的人口数量为300多万，张家口、廊坊、衡水3个城市的人口数量为400多万，唐山、邯郸等其他的几个城市人口数量都超过了700万，而石家庄和保定更是超过了千万，这些超多人口的城市，无形中拉低了城市化水平，在很大程度上增加了城市建设和管理的难度。

4. 城镇化特点

河北省毗邻京津两地，长期以来充分利用独特区位优势，加速推进人口、资本、土地等资源向新型城镇、新型社区的聚集，形成城乡一体、产城融合、生态园林、集约高效的农村新型城镇。目前，经过改革开放四十年的快速发展，河北城镇化形成了典型的“小城市、大农村”特点，当前河北城镇化发展具有三个方面的特点。一是从传统乡村向现代城镇转变的城镇化进程加速，形成了白沟、燕郊等一大批特色鲜明、品位高雅、优势突出的新型城镇化样板；二是以产业链为特点的产业空间布局向价值链方向转变，体现出产业结构逐步优化和高端化的特征，形成了三河建材、香河钣金加工及木制家具、霸州钢木家具等年产值超50亿元以上的产业集群，专业市场蓬勃发展，有效助推了城镇化进程；三是城镇辐射带动能力增强，呈现出以行政主导型城镇化向以市场主导型城镇化的转变，各地注重调动和发挥经济强镇参与城镇化建设的积极性、主动性，扩大产业经济集聚效应，形成了一批品位高雅、特色鲜明的城镇化样板，如霸州市胜芳镇拥有工商企业700多家，从业人员7万多人，年财政收入10亿元。

### （二）河北城市化发展趋势

一直以来，河北属于我国较为传统的农业大省，农村人口数量较多，城市化发展整体水平较低。近年来，随着国家新型城镇化战略的提出和河北产业结构的调整，河北省城镇化水平得到快速提升，尤其是党的十八大以来，河北省高度重视推进城镇化工作，先后出台了《关于加快推进城镇化进程的若干意见》《关于加快推进城镇化进程的实施意见》等一系列政策文件，并制定了《河北省新型城镇化规划》，极大地推进了城镇化发展。

1. 中等城市快速发展

近年来，随着城市化进程的快速推进，一些大中城市的住房、交通、信息等基础设施与教育、医疗等社会保障水平得到不断提升，城市的人口集聚效应和规模效应日益显现，吸引了大量的人口聚集。在这方面，河北省的表现尤为明显，河北各大中城市公共服务能力的提升吸引了大量农村人口向城市聚集，从而使得河北地级市的城市人口规模不断扩大，其中邯郸、唐山等河北主要城市的城区人口数量分别达到了198万和185.2万，城区人口数量进入了全国前50名，分别排名第40名和第45名，成为国内少数几个进入前50名的非副省级城市和非省会城市。随着河北省城镇化进程的推进和产业结构的调整以及北京疏解非首都核心功能战略的落实，大量人口向河北省中等城市聚集的趋势仍将持续，越来越多的农村人口将继续往中等城市聚集，从而成为推动河北省中等城市快速发展的重要动力。

2. 小型县城稳步发展

河北省具有临近北京和天津两大直辖市的区位优势，这使得许多临近京津两地的小型县城迎来了城市化发展机遇，而北京市通州区城市副中心的建设带动了河北省三河、大厂、香河三县市的快速发展，突出表现为廊坊北三县房地产价格的快速飙升和高企，其中以临近三河市的燕郊镇最为明显。燕郊镇隶属于河北省三河市西市区，距北京市区仅30公里，由于燕郊西部与北京市通州区潞城镇、西集镇、宋庄镇隔潮白河相望，使得面积仅105.2平方公里的小镇吸引了大量的人口聚集，人口规模已经超过了120万。目前，尽管河北省采取了各种严格的限购措施，燕郊的房地产平均价格也已经超过了20000元/平方米。未来，随着河北省产业结构的调整以及农村居民收入水平的提升，大量农村居民将逐渐向小型县城聚集，从而推动县域城区人口的增长和县域经济的稳步发展。

3. 农村人口逐渐减少

根据产业经济发展的一般规律，农村人口向城市聚集、农民向二三产业转移是经济社会发展的必然趋势。近年来，随着河北省城镇化的快速推进和产业结构的调整，河北省城镇人口数量得到快速增长，2018年城镇常住人口达到了4264.02万，比上年末增加了127.53万人。但与此同时，河北省的农业人口也出现迅速减少的趋势，2018年河北省农村人口数量下降为3294.28万，比上年末减少了90.75万人。农村人口的减少和农民就业的转变使得农业农村的发展受到一定的影响，2018年河北省农业增加值的增长速度仅为2.1个百分点，比地区生产总值增长速度低了3.9个百分点。未来，随着城镇化的快速推进和产业结构的优化调整，大量的农村人口将向城市地区和非农产业转移，使得河北农村人口的数量仍将保持持续减少的趋势。

4. 城镇化率快速推进

改革开放以来，随着社会经济和科学技术的不断发展，我国大量农村剩余劳动力开始走出农村土地，到城市从事制造业和服务业，但是这些人的户口仍然留在农村，属于农村户籍，这些劳动人口通常被称为“农民工”。由于农民工工作具有很强的季节性和流动性，因此对农民工身份的确定和数量的统计相对比较困难。根据国家统计局河北调查总队公布的数据，截至2016年年末，河北省全年从事本地非农活动和外出从业6个月及以上的农村劳动力达到1481.0万人，比2012年增加239.2万人，增长了19.3%。未来，随着城市落户政策的逐渐放开以及农民工购买力的增强，大量农民工将会把户籍从农村迁往城市，从而成为真正的“城市人口”，这将极大地提升我国户籍人口的城市化水平，从而成为未来推动河北城市化进程的重要动力来源。

5. 人本基础不断夯实

改革开放以来，河北省抓住以人为本的发展理念，把推进新型特色城镇化作为一项重大战略，严格遵循城镇化、产业化发展的客观规律，因势利导，顺势而为，进一步发挥市场决定性作用和更好地发挥政府作用，彻底转变土地城镇化、土地财政的发展理念，坚持产业立镇、绿色生态、因市而城，建立了有人文关怀和地域特色的新型城镇化，不断夯实城镇化发展的人文基础。近年来，在城镇化发展过程中，河北省更加注重提升城镇化的发展质量，尤其是把搞好民生性和保障性的软硬公共服务设施、提高公共服务全面平衡发展作为城镇化发展的现实保障，先后在廊坊等地区实施了农村医、学、路、水、保、居“六大工程”建设，形成了多渠汇流、强势推进、全面提升的良好发展态势，大大提升了城乡居民的幸福指数，为我国城镇化发展积累了宝贵经验。

### （三）河北城市化的主要特征

根据经济发展和城市建设的一般规律，城市化发展水平往往与城市建设管理水平、经济发展水平之间具有很强的联系，甚至在很多时候经济发展水平和城市建设管理水平决定了城市化发展水平。一直以来，河北省产业发展总体水平和城市建设水平决定了河北省城市化发展的质量水平，目前河北城市化发展具有总体发展水平较低、城市建设较为滞后、两极分化较为严重、发展空间潜力较大等显著特征。

1. 总体发展水平较低

河北是我国北方地区的人口大省和经济大省，经济总量多年来都排在全国前 10 位，但是近年来不断被湖北、湖南等省份超越，2018 年河北省的经济总量排名第 9 位，位于湖南与福建之间。但是，河北省经济发展方式较为粗放，以钢铁为代表的传统产业在整个经济中所占的比重较高，尤其是邯郸、唐山等城市基本都是以钢铁产业为支柱产业，这在很大程度上制约了河北经济的发展。近几年来，随着国家化解钢铁领域的过剩产能和大力治理环境污染，使得河北大量低端、落后钢铁企业被淘汰，经济增长受到了很大的影响。2018 年，河北省的经济增长速度仅为 6.6%，增长速度在全国排倒数第 8 位，经济增速的放缓在很大程度上延缓了城市化发展的步伐。如前所述，城市化发展水平与经济发展水平之间具有紧密联系，河北经济发展总体质量水平较低在很大程度上制约了河北城市化水平的提升。

2. 两极分化现象严重

河北省位于中国华北地区，河北界于北纬 36° 05′ - 42° 40′ ，东经 113° 27′ - 19° 50′ 之间，地域面积较为广阔，无论是各地级市还是各县之间都存在巨大的差别。从地级市来看，既有石家庄、保定这样人口超过 1000 万的超大城市，也有张家口、秦皇岛这样人口不到 400 万的中等城市。从县域来看，既有人口超过 100 万的定州市（人口 124.4 万）、魏县（人口 105 万）等大县，也有人口不足 20 万的大厂回族自治县（人口 11.9 万）、高邑县（18 万）、柏乡县（19.3 万）等小县。一般而言，城市化的发展基础主要取决于城市的人口规模及其带来的发展潜力。由于河北省城市的人口基数差别比较大，使得河北省城市化发展水平之间存在较大的差距。由此可见，河北省的城市化发展水平差距较大，完全可以用“两极分化严重”来形容，这也是河北城市化发展的一大特点。

3. 城市建设较为滞后

一般而言，城市建设水平往往与当地的产业发展以及由此而决定的财政收入水平之间具有紧密的联系，因此，正如前所述，城市化发展水平与经济发展水平具有密切联系。由于河北省具有人口多、资源禀赋有限等特点，其经济发展的总体水平不高，这使得河北城市建设投入不足，难以满足城市化发展的需要，制约了河北城市化的发展和产业结构调整。目前，河北省城市基础设施建设较好的城市主要分布在经济较为发达、交通较为便利的石家庄、唐山、廊坊、保定等大中城市，这些城市产业相对较为发达、财政收入相对充足，使得城市建设投入规模较大；而张家口、承德等城市由于经济发展水平较为落后、地理位置偏远、资源禀赋缺乏，许多区县还属于贫困县，缺乏足够的财政资金用于城市建设，导致其城市建设总体水平较低，制约了其城市化水平的提升。

4. 发展空间潜力较大

河北具有面积广阔、人口较多等特征，城市化率水平较高，但城市化质量较低，城市化发展还存在巨大的发展空间。近年来，随着河北经济的发展和城市建设的推进，河北的人口城镇化率保持持续上升的趋势，成为河北经济社会发展的重要动力。从城镇化的数量来看，2017 年河北省常住人口的城镇化率达到了55.01%，仍然有44%的人口生活在农村，也就是说，相当于还有3383.78万人生活在农村。从城镇化的质量来看，河北省的经济发展方式较为粗放，城镇化质量的总体水平还有很大的提升空间。根据《中国经济周刊》与中国社科院城市发展与环境研究所联合发布的《中国城镇化质量报告》，河北省城市化质量指数最高的城市为唐山市和秦皇岛市，城镇化质量指数分别为0.5471和0.5395，在全国排名第50位和第61位，而省会城市石家庄的城镇化质量指数为0.5068，在全国排名第92位。由此可见，河北的城镇化还有很大的发展空间。

## 三、城市化对农民工就业的影响

### （一）城市化对农民工就业的积极作用

如前所述，城市化与农民工就业之间具有很强的相互促进关系。一般而言，城市化的发展会极大地增加就业机会，从而促进农民工的就业，并以城市完善的基础设施和公共服务为农民工提供更加便利的工作生活环境。与此同时，农民工在城市的就业也能够满足城市发展对劳动力的需求，如家政服务、物流配送、餐饮服务等领域需要大量的农民工，因此农民工的就业能够极大地提升城市的公共服务能力。

1. 创造了更多就业机会

城市化与产业规模扩张、产业结构升级之间具有紧密的联系，前者既是后者的发展动力，也是后者的必然结果，两者之间存在相互影响、相互促进的关系。根据城市化发展的历史经验，城市化进程的推进与农民工就业之间具有很强的耦合关系，城市化发展以及城市规模的扩张对建筑业、制造业、家政服务、物流快递等领域的需求规模也会随之扩张，这将给农民工创造大量的就业岗位和就业机会。如图5-1所示，2011年—2017年间，随着我国工业化和城市化的快速发展，我国城市化率由51.27%上升至58.52%，上升了7.25个百分点，为农民工创造了大量的就业岗位，农民工就业人数由25278万上升到28652万，增长了13.3%，农民工就业增长的速度超过了城市化发展的速度。由此可见，城市化的发展将会极大地促进农民工就业的增长。

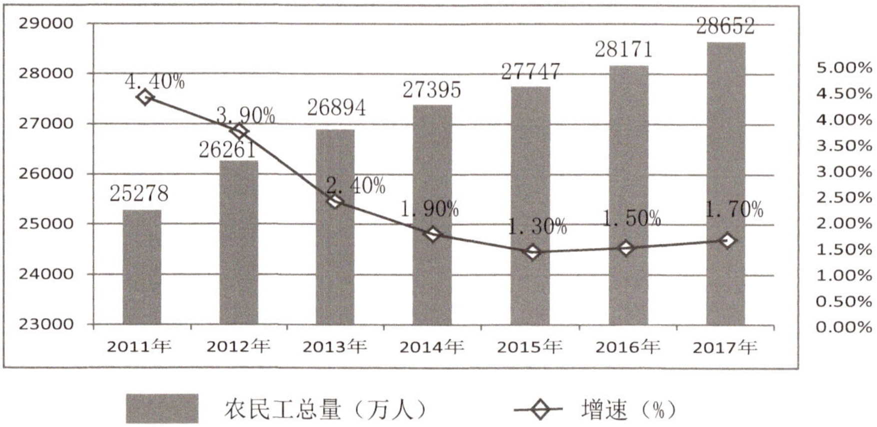


**图 5-1 2011-2017 年中国城市化率与农民工总量变化趋势**

2. 改善了工作生活环境

改革开放以来，随着我国经济的持续快速发展，我国城乡之间出现了较为典型的二元结构经济，一方面是以现代化大工业生产为主的城市经济得到快速发展，资本、人才等要素资源不断积聚，另一方面是以典型的小农经济为主的农村经济缓慢增长，劳动力、资金等生产要素不断流向城市地区。随着工业化、农业现代化和城市化的同步推进，形成了二元经济结构特征，而且两种经济类型还将长期并存。在城乡二元经济结构背景下，由于城市的道路、通信等基础设施投入规模较大，使得城市的生活环境远远高于农村地区，而且农民工在城市从事制造业和服务业的工作一般都是在室内，而农业生产一般是在室外，经常需要经历风吹、日晒、雨淋，这使得城市化的发展为广大农民工提供了更加优越的工作环境，改善了农民工的生活水平。

3. 提升了公共服务水平

一般来讲，人口规模与公共服务的质量和人均成本之间具有正相关关系，城市规模越大、人口基数量越多，教育、医疗、商场等公共服务设施就越多，公共服务效率就越高、服务质量也越好，这也是人口不断由农村往城市转移、由中小城市往大城市、特大城市流动的重要原因。随着城市规模的不断扩大和人口基数的持续增加，将会使得教育、医疗等公共服务的边际成本和人均成本不断下降，这在很大程度上将会促进城市公共服务水平的提升，使得城市发展进入规模不断扩大的良性循环。近年来，随着我国城市化进程的持续推进和城市建设投入的不断增长，城市的基础设施和公共服务水平将得到极大提升，许多大城市和特大城市的基础设施和公共服务水平已经跻身世界中上水平，为广大城市居民提供更加便捷、高效、完善的公共服务。

4. 改善了精神文化生活

一直以来，由于我国农村人口比重较高，广大农村社区的精神文化生活较为匮乏，农民群体的社会阅历也比较单一，使得我国居民的精神文化生活较为匮乏。由于我国城市和城镇地区文化、艺术、体育、科学等资源相对丰富，各种图书馆、博物馆、科技馆、展览馆等文体设施比较完善，更具有开展文化教育的优势。可见，城市化进程的推进将有助于促进科技、教育、文化事业的发展，改善居民的精神文化生活，极大地提升人口综合素质，从而保障城乡经济和社会的持续协调发展。农村经济的发展和农业科技的进步以及全面建成小康社会目标的提出，都对人口素质的提升提出了更高的要求。因此，在城市化快速推进趋势下，不断加强城市教育、文化、科技、艺术等基础设施建设，将会极大地改善人们的精神文化生活，从而促进人口素质的提升。

由此可见，城市化是经济发展的必然趋势，城市化进程的推进为农民工就业数量的增长和就业质量的提升创造了良好的条件。为此，我国应当顺应工业化和城市化发展趋势，加快推进产业人才培养体制改革，面向未来产业发展需求培养劳动力队伍，不断提升农民工就业的质量和水平。

### （二）城市化对农民工就业带来的影响

城市化发展对农民工就业具有两方面作用，推进城市化进程在给农民工创造更多就业机会、提供更好生活环境、提升公共服务水平的同时，也会给农民工就业带来一些消极的影响，如导致农民工的生活成本上升、素质要求提升、竞争压力加大等，从而阻碍农民工向城市的转移以及减缓城市化发展步伐。

1. 农民工生活成本上升

农民工城市的生活成本涉及衣、食、住、行等多个方面，一般与城市规模的大小、人口的数量具有很大的关系。一般而言，城市的规模越大、人口越多，城市的消费水平和生活成本就会越高。如表 5.4 所示，我国的香港、上海、北京、深圳、广州等 5 个一线城市的生活成本进入了全球城市生活成本的前 20 名。以深圳应届毕业生为例，男生和女生每月的基本开支分别为 4325

元和 4600 元。以首都北京为例，国家统计局北京调查总队开展的外来农民工对北京市公共服务满意度专项调查显示，“生病”“生活开销大”“子女上学”分别以 67.9%、58.6%、38.6% 占据“您在北京生活目前最为烦恼的事情”前三位，这些都是农民工城市生活成本的重要方面[①]。随着城市化进程的不断推进，城市的规模也将随之不断扩大，这将在很大程度上推动农民工生活成本的上升。

**表 5.4　2018 年全球城市生活成本排名**

| 排名 | 城市名 | 国家 / 地区 | 排名 | 城市名 | 国家 / 地区 |
| --- | --- | --- | --- | --- | --- |
| 1 | 香港 | 中国 | 11 | 日内瓦 | 瑞士 |
| 2 | 东京 | 日本 | 12 | 深圳 | 中国 |
| 3 | 苏黎世 | 瑞士 | 13 | 纽约 | 美国 |
| 4 | 新加坡 | 新加坡 | 14 | 哥本哈根 | 荷兰 |
| 5 | 首尔 | 韩国 | 15 | 广州 | 中国 |
| 6 | 罗安达 | 安哥拉 | 16 | 特拉维夫 | 以色列 |
| 7 | 上海 | 中国 | 17 | 莫斯科 | 俄罗斯 |
| 8 | 恩贾梅纳 | 乍得 | 18 | 利伯维尔 | 加蓬 |
| 9 | 北京 | 中国 | 19 | 布拉柴维尔 | 刚果（布） |
| 10 | 伯尔尼 | 瑞士 | 20 | 伦敦 | 英国 |

资料来源：美世 2018 全球生活成本调查

2. 农民工素质要求提高

我国农民工都是出生于农村、山区等经济较为落后的地区，大部分农民工受教育水平较低，而且常年在城市为生计而奔波，对自身素质和能力提升方面的投入不够，不仅在学习新知识、理解新技术、掌握新技能方面的能力较为缺乏，而且自我保护意识、环境保护意识、职业生涯规划等方面也比较弱，对于进入城市工作和生活还有一定的差距。在城市工作和生活的农民工是城市建设的参与者，也是城市的重要组成部分，城市化的发展对农民工的素质和能力提出了更高的要求，对农民工在城市的就业带来了一定的挑战。为此，下一步应当开展农民工素质能力提升专项行动，通过加强职业技能培训、提供法律援助、培养良好的生活方式、打造农民工发展平台等方式促进

① 城市生活成本上升是农民工工资上涨主因，第一财经，18-01-10

农民工自身素质和能力的提升，使农民工为城市化发展做出更大的贡献。

3. 农民工竞争压力加剧

近年来，随着城市化的快速发展，城市劳动力的成本不断上升，许多领域开始引进信息化、自动化、智能化程度较高的生产设备来取代劳动力。武汉大学质量发展战略研究院、中国社会科学院、斯坦福大学、香港科技大学联合在广东、湖北两地选取了逾千家企业的约 1.4 万名员工开展了“中国企业–劳动力匹配调查”，发现劳动力成本呈不断上涨的趋势，而就业需求呈下降的趋势。在工资成本方面，2013 年—2014 年间广东制造业员工实际工资增长了 5.8%，2014 年—2015 年间增长了 8.3%；2014 年—2015 年间湖北制造业员工实际工资增长了 5%。在就业需求方面，2014 年—2015 年广东和湖北制造业企业就业人数分别下降 6.3% 和 3.3%，企业“招工难、招工贵”问题突出。在劳动力替代方面，8% 的受访企业使用了机器人，其中广东和湖北分别为 10% 和 6%，40% 的企业使用了自动化设备。新一代信息技术和人工智能的发展和普及，极大地提高了生产和服务效率，降低了对于劳动力的需求，给农民工就业带来了巨大的挑战，使得农民工的就业竞争压力不断加大。

4. 农民工失业风险加大

城市化是工业化发展的必然结果，但是当经济发展进入到城市化快速发展阶段，广大农民工在城市工作和生活的不确定性迅速增长。在工业化阶段，农民工只需要做好企业分配的工作即可，但城市化进程提速之后，农民工将面临着城市发展带来的种种挑战，如工作不稳定性增加、工种变化频繁、待业时间延长等，使得农民工的流动性风险和失业风险加大。在风险承担方面，由于农民工具有分散性，失业农民工或是返乡，或是在城市待业寻找工作，许多风险由农民工个人承担，难以通过单一的固定社区提供追踪服务，既使得农民工失业的严重性容易被低估，也给扶持政策的设计和实行增加了困难。因此，农民工失业将造成巨大的社会风险，而这种社会风险往往被低估。

在这样的背景下，应当结合农民工就业面临的困难和问题，进一步加强农民工就业信息发布和职业技能培训，一方面要不断提升农民工的工作技能和知识水平，确保农民工能够跟得上产业和技术发展的趋势，从而不断提升自身的就业竞争力，另一方面要加强农民工数量和就业需求的监测，及时发布农民工就业供求对接信息，降低农民工就业的盲目性和失业风险，消除城市化对农民工就业带来的影响。

# 第六章

# 促进农民工就业的建议

## 一、积极做大产业规模，促进农民工充分就业

### （一）优化产业发展环境

农民工就业的规模、就业质量与产业发展水平具有紧密联系，应当加强基础设施建设、完善产业配套环境、提升行政服务效率，不断优化有利于产业发展的政策环境，促进产业规模扩张和产业结构优化，从而改善农民工的就业环境。

1. 加强有利于产业发展的基础设施建设

现代产业的发展是一项复杂的系统工程，只有建立一套与之配套的完善的基础设施体系才能为现代产业的发展提供强有力的支撑。为此，应当加强有利于现代产业发展的基础设施建设投入，不断优化产业发展的硬件环境。一是完成传统基础设施建设。加强产业发展必备的交通、电力、能源、供水等传统基础设施建设，为产业发展提供基础支撑，优化制造业和实体经济发展环境。二是加强新一代信息基础设施建设。通过 5G、量子通信等现代信息技术加快推动智慧物流、新一代信息网络等现代化基础设施建设，为人工智能、高端装备等现代产业的发展提供强有力支撑。三是持续完善现代基础设施建设水平。以支撑新兴产业和新技术的发展为目标，及时完善新兴产业和技术发展所需的基础设施，提升现代产业发展的配套能力，为新技术、新产业的发展提供支撑。

2. 营造有利于企业发展的产业配套环境

现代产业的发展伴随着高质量就业的增加，不仅对劳动力的技能提出了更高的要求，而且也需要更高品位的工作生活环境。在这样的发展趋势下，就需要营造有利于企业发展的产业配套环境，从而为产业规模的扩张和农民工高质量就业提供支撑。一方面，要提升劳动力就业技能。加大职业技术教

育投入，通过促进企业与职业技术学校的深度合作加强员工的职业技能培训，不断提升农民工的职业技术水平，为产业发展培养出更多合格的产业技术工人。另一方面，要加快推进产城结合。高质量就业就意味着对高品位生活需求的增加，这就要求不断完善产业发展的配套环境，通过加快推进产城结合，建立适应现代产业技术工人消费需求的配套设施为未来农民工的工作和业余生活提供高品质的服务，从而提升产业和园区发展的竞争力。

3. 提升有利于要素流动的行政服务效率

现代产业的发展对政府行政服务提出了更高的要求，需要推动行政管理体制改革，持续改进和提升政府在产业发展方面的行政服务效率，破除阻碍要素流动的体制机制障碍，以推动现代产业的发展。一是密切关注产业发展趋势。加强对新一代科技革命和新一轮产业变革的跟踪研究，掌握产业技术发展的前沿动态以及对要素流动的需求，为科学制定产业政策提供支撑。二是提升公务人员业务能力。经常性开展业务培训，提升政府工作人员的业务能力，使其及时掌握产业发展的新思想、新观念、新商业模式，不断提升政府产业发展的行政服务效率。三是建立配套的社会保障机制。随着现代产业体系的快速发展，多种全新就业创业模式的出现，给社会保障体系带来了巨大挑战，要求政府部门及时推进社会保障体制改革，建立与产业发展相适应的社会保障机制。

4. 完善有利于民营经济发展的产业环境

民营经济是指除了国有和国有控股企业、外商和港澳台商独资及其控股企业以外的多种所有制经济的统称，包括国有民营经济、个体经济、私营经济、混合所有民营经济、民营科技企业、农民专业合作社等类型。改革开放以来，民营经济如雨后春笋般快速发展，已经成为我国国民经济的生力军，也是就业的主要承载主体。根据全国工商联的统计，在城镇就业中，民营经济的占比超过了 80%，而新增就业贡献率超过了 90%。为此，应当更加重视民营经济的发展，为民营经济发展营造良好的产业环境，扩大农民工就业需求。一是加大民营经济发展的政策扶持力度。落实促进民营经济发展的政策措施，制定细化、明确、具有可操作性的优惠政策，提振民营经济发展的信心。二是扩大民营经济的市场准入范围。清理不利于民营经济发展的政策措施，消除民营经济发展的实质性障碍，鼓励和支持民营企业参予国有企业改组改造，投资建设公共事业和基础设施建设项目。三是完善民营经济服务体系。充分发挥行业协会和民间商会的作用，鼓励发展法律咨询、质量认证、人才服务、投资策划、项目论证等中介组织，同时加强对民营经济的引导。

### （二）积极培育新兴产业

新兴产业是指建立在重大前沿科技突破基础上，代表下一步科技和产业发展的方向和趋势，体现当今世界知识经济、低碳经济、信息经济的发展潮流的产业。目前，新兴产业尚处于成长初期而且具有较大的发展权利和空间，新兴产业的发展壮大，对经济社会发展具有全局带动和重大引领作用，新兴产业的发展壮大能够创造大量的新就业岗位。为此，应当加快培育和发展壮大新兴产业，从而推动产业结构的转型升级并创造高质量的就业机会。

1. 推进科技成果的转化应用

科技成果是人类从事科学探索和科学研究的结晶，加快推进科技成果的转化应用是支撑经济社会发展、培育和发展新兴产业的重要途径。根据媒体报道，2016 年我国科技成果转化率不足 30%，与西方发达国家 60%—70% 的水平还有很大的差距。为此，下一步应当完善技术成果交易会、技术商城、技术开发公司、大学科技园、创业园、孵化器、生产力促进中心等科技成果转化平台，营造有利于科技成果转化的政策环境，推进科技成果的转化和产业化应用。一是加大基础科学研究力度。加大基础科学研究投入力度，重点支持基础物理、基础化学、生物工程、新材料等基础科学领域的研究，引导科研机构和科研人员更加注重基础研发，不断夯实我国基础科研能力。二是支持企业开展科学研究。企业对市场需求有精准的了解，通过企业进行技术研发，可以极大地提升科技成果投入产出效率，因此美国、日本等西方发达国家的企业都具有十分强大的研发能力。应当建立企业为主导的产业技术开发体系，不断提升科技研发投入产出效率。三是促进科技成果的推广应用。通过建立大学科技园区、科技成果孵化器等方式，推动科技成果与企业的对接，促进科技成果的直接转化应用。四是优化科技成果转化环境。加强企业技术和生产设备改造投入，支持引进符合产业发展前景和技术发展趋势的设备和生产线，不断提升企业接纳和应用新技术新设备的能力。

2. 培育高端劳动密集型产业

近年来，随着信息技术的进步和广泛应用，许多领域开始通过大规模引进自动化、智能化设备来对现有生产模式进行改造，从而产业发展降低劳动力的需求，对劳动就业带来了巨大挑战。为此，应当把握产业和技术发展的进度，适度控制技术进步的节奏，重点培育和发展能够吸纳更多劳动力就业的高端产业，实现制造业转型升级和稳定劳动力就业的“双赢”。一是扩大研发产业规模。重点是加强技术研究与产品开发、产品设计、试验等环节，扩大软件开发与应用、服务，不断提升企业的技术水平和竞争优势，极大地吸纳高端研发人才聚集。二是扩大配套服务规模。重点是加快第三方物流、供应链管理优化、信息咨询、产品策划、设备租赁、融资担保、再保险以及设备检测、维修、零部件定制服务，提升企业的配套能力和效率。三是完善产业支撑体系建设。重点是支持工程总承包、交钥匙工程、整体解决方案等支撑体系建设，完善产品回收、处理、再制造以及基于网络的内容服务等，为产业发展提供强有力的支撑。

3. 推动制造业与服务业融合

随着现代产业体系的建立和产业的持续快速发展，产业融合已经成为产业发展的一个重要趋势，尤其是制造业与服务业之间的融合将在很大程度上促进产业发展质量水平的提升，并形成一些新的产业形式和产业种类。现代制造服务业，是从现代制造业内部的生产服务部门逐步分离、独立发展起来的新兴产业，融合信息产业、制造业、服务业和现代管理方法，借助于信息手段将服务向前后端不断延伸。随着经济全球化的快速发展，制造业与服务业融合的趋势日趋明显，推进制造业与服务业融合发展是促进经济高质量发展和高素质就业的重要举措。正是看到了制造业和服务业融合发展的重要意义，阿里巴巴的马云在 2017 年第四届世界互联网大会上提出，未来的制造业都将会是服务业，未来的服务业也必须是新型制造业，二者会高度融合。

4. 支持中小微企业发展壮大

一直以来，中小微企业在我国经济发展和劳动就业方面具有十分重要的作用，是国民经济和社会发展的生力军，是建设现代化经济体系、推动经济实现高质量发展的重要基础，是扩大就业、改善民生的重要支撑，是企业家精神的重要发源地。目前，我国中小企业在推动经济增长和促进就业方面呈现出“56789”的典型特征，即：贡献了 50% 以上的税收，60% 以上的 GDP，70% 以上的技术创新，80% 以上的城镇劳动就业，90% 以上的企业数量，已成为经济持续健康发展的重要力量。为此，应当加大中小微企业发展的支持力度，一是放宽中小企业市场准入门槛，放宽初始经营条件限制，为市场经济发展注入新的活力；二是营造创业创新氛围，支持和鼓励返乡农民工创办中小微企业，形成鼓励“干事业”“干成事业”的社会氛围；三是加大对中小微企业的税收优惠，尤其是对新增就业人数达到一定规模的中小微企业，在给定的期限内减免所得税和营业税；四是推动融资、信贷等机制的创新，加大对中小企业和民营企业的投融资扶持力度，为中小企业发展营造良好的环境。

### （三）做大现代产业规模

牢牢抓住新一轮科技革命和全球产业转移的战略机遇，通过做优存量、做大增量、补齐短板，迅速构建现代产业体系，不断培育扩大产业集群规模，从而通过发挥规模经济效应和产业集聚效应不断降低单位产品的生产成本、提升企业的市场竞争力。

1. 做优存量，培育现代产业集群

当前，随着市场体系的不断完善，全球市场竞争已经由单纯的企业间竞争向产业集群和产业体系的竞争转变，各地要结合自身的区位优势、资源优势和政策优势，以打造产业链和产业体系为目标，注重发挥龙头企业（集团）的带动作用，培育特色明显、优势突出、规模效应明显的现代产业集群。一是加强产业发展的统筹规划。要对产业发展进行科学规划，并对产业布局、资源配置进行合理引导，避免出现项目的重复建设、资源的严重浪费和企业间的过度竞争。二是打造良好的产业发展软环境。加大技术研发、检验检测、标准制定等软环境建设的投入，推动企业竞争由产品竞争向产业链竞争的转变，提升产业竞争的层次和水平，从而提高产业集群的整体竞争优势。三是完善产业发展配套能力。以主导产业和优势产业发展为导向，积极引进和培育一批与之配套、为之服务的中小微企业，为区域产业集群发展形成强大的支撑能力。

2. 做大增量，向“微笑曲线”两端延伸

长期以来，我国产业发展大都集中在产业链中间的加工制造环节，产品设计、技术研发、标准制定、品牌运作、售后服务等环节所占的比重较低，制约了我国产品附加值和产业发展水平的提升。近年来，随着我国产业规模的不断扩大，许多产业的价值链已经从单纯的生产制造，向价值“微笑曲线”利润最高的两端延伸。为此，应当支持、引导和鼓励企业转变发展思路，抓紧向产业“微笑曲线”两端延伸，扩大高附加值环节和产业的规模，提升产业发展的质量和水平。一是加大产品设计投入。重视产品设计环节的发展，支持企业建立产品外观设计中心，促进美学设计与工业生产的结合，增强产品的设计感和实用性，提升产品的核心竞争力和附加值。二是统筹开展市场营销。充分利用现代信息技术手段加强产品的品牌运作，注重通过互联网、粉丝经济等模式加强产品和品牌推广，不断提升产品的知名度和影响力，提升工业产品的营销水平。三是完善产品增值服务。通过互联网手段实现“众包设计”“众筹”“众创”等集设计、生产、销售于一体的产品开发模式，以消费者实际需求为出发点，为顾客提供更多的增值服务，从而不断提升产品和服务的价值。

3. 补齐短板，提升实体经济发展水平

一直以来，由于我国工业基础研发能力投入不足，使得我国在许多关键领域缺乏核心技术，大量的机器设备、核心芯片、核心零部件都需要从国外进口，在很大程度上制约了我国制造业创新能力的提升。以集成电路为例，2017 年，我国进口数量达到了 3770 亿块，花了 2601 亿美元，进口金额相当于原油进口的 1.6 倍[①]，已经连续十年超过石油的进口额。为此，应当以制造业高质量发展为目标，加大关键核心技术、关键零部件的研发投入，补齐制造业发展的短板，不断提升制造业和实体经济的发展水平。一方面，要加强关键核心技术研发。针对我国目前尚处于空白的部分技术和产品，如集成电路、工业数控系统等，要持续加大研发投入力度，争取实现重大突破，提升产业技术水平。另一方面，培育做大新兴产业。围绕高新技术产业和战略性新兴产业，如生物科技、新材料、节能环保等，打造一批市场需求大、技术前景好的全新产业链，带动我国产业实现转型升级。

4. 调整结构，做大服务业产值规模

不同产业对就业的需求有所不同，相对于制造业而言，服务业在吸纳就业方面的能力较强，服务业每增长 1 个百分点带动的就业人数大约比第二产业多 20% 左右[②]。近年来，我国服务业呈持续快速增长的势头，2017 年前三季度全国服务业增加值占 GDP 的比重达到 52%，服务业的平稳较快发展对保

---

① 2018 年 8 月 12 日，中国电子信息行业联合会专家委员会主任董云庭在世界科技创新论坛上的发言。

② 陈彬，2017 年就业形势分析与 2018 年展望，中国物价，2018（1）。

持就业稳定做出了重要贡献。2017 年上半年，全国规模以上服务业企业从业人员同比增长 5.6%，增速高于第二产业 4.9 个百分点，服务业新增就业人数占全部规模以上企业新增就业人数的 73.7%，比第二产业高出 47.5 个百分点，而且随着网店微商、物流配送、快餐外卖等新业态新模式的不断发展，服务业吸纳就业的能力将进一步增强。为此，应当加快产业结构调整，在做推动第二产业发展的同时，积极培育和壮大新兴服务业，做大现代服务业的规模，提升农民工的就业水平。

### （四）营造人才发展环境

当今世界的竞争，归根到底还是人才的竞争。当前，企业之间、产业之间以及国家之间的竞争日益激烈，必须建立结构合理的高层次人才梯队，才能确保企业、产业和国家的竞争优势。为此，需要引进和培育一批具有创新精神的科技领军人才、具有创新精神的企业管理人才、适合产业发展的职业技术人才和服务企业和产业发展的中介人才，为产业发展提供强有力的人才支撑，推动产业规模的扩张和产业结构的优化。

1. 培育具有企业家精神的管理人才

农民工是一个庞大的群体，许多后来卓有成效的企业家在创业初期都曾经有过“农民工”生活的体验。例如，媒体曾经报道的湖南蓝思科技创始人周群飞，就是一个典型的例子，出身贫寒家庭、初中没有毕业的周群飞从一位南下的打工妹在创业中不断成长，最终成为上市公司掌舵人，如今的蓝思科技已经几乎垄断了苹果、三星、LG、富士康、小米和华为等主流手机品牌的玻璃屏供货，企业的员工数量已经达到了 8.2 万人，成为了一个庞大的手机玻璃帝国。这样从农民工转变为企业家的例子不胜枚举。因此，要鼓励和支持农民工创业，为农民工创业营造良好的制度环境，充分发掘和培育农民工群体中的优秀人才。尤其是对于部分具有发展潜力、有想法、有干劲的农民工，要加强教育、培训和引导，使农民工具有企业家精神。

2. 培养引进富有创新能力的研发人才

产业的升级和技术的进步需要大量的研发人才，对于河北而言，具有临近北京、天津两大直辖市的区位优势，可以通过营造良好的创业创新环境吸引京津两地以及海内外的科技人才到河北创业就业。一是抓住北京疏解非首都核心功能的战略机遇，依托便捷的海陆空等便捷的物流优势，吸引北京和天津等地的科技企业转移到河北，促进河北产业结构和技术结构的升级。二是创造良好的发展环境，打造华北地区重要的科技成果创新基地，引进海内外“千人计划”专家、两院院士及其科研团队，在河北建立研发中心和成果转化基地，提升河北的科技创新能力和产业技术水平。三是依托雄安新区的建设，加快形成配套完善的人才培养机制，充分发挥新区技术和人才的外溢效应，争取为河北培养一大批能够引领全球科技与产业发展趋势的创新人才。

3. 培养适合产业发展的技工人才

产业的升级需要大量的高素质劳动力相匹配，而目前的农民工与现代产业发展相比还存在较大的差距，这就需要河北加强职业技术教育投入，培育一批适合产业转型发展的职业技术人才。一方面，要强化职业技术教育体系建设，扩大职业技术院校的招生规模，提升其办学质量和水平，引导学生及其家长选择就读职业技术院校，鼓励职业技术学院与企业合作，采取订单式的培养，通过学校理论学习与企业实践锻炼相结合的人才培养模式为企业培养出更多适合产业发展需要的专业技术人才。另一方面，要加强职业技术培训，政府和企业应当为大量的农民工群体提供职业技术培训的机会，让部分受过高中教育的农民工能够参加政府和企业举办的职业技术培训中，从而不断提升农民工的职业技术水平，更加适应当前和未来产业技术发展的需要。

4. 培养服务产业发展的中介人才

中介服务机构是指依法通过专业知识和技术服务，向个人、企业、机构和政府部门提供就业咨询、信息服务、劳务代理、专利申请等中介服务的机构，中介服务机构的存在对改善产业发展环境、促进农民工就业具有十分重要的作用。许多国家和城市发展的经验表明，社会中介组织是宏观调控与市场调节相结合中不可缺少的环节，具有政府行政管理不可替代的作用。近年来，沿海地区许多制造企业专注于自身的核心业务，将企业的员工招聘、技术培训、餐饮住宿等业务外包给中介机构，极大地促进了企业管理效率的提升。通过建立完善的招工代理、就业咨询、员工培训等中介服务机构，不仅可以及时为企业招聘、培训合格的产业技术工人，而且能够最大限度地实现农民工的充分就业，实现全社会劳动力资源的优化配置。为此，应当积极培育就业代理、信息搜集与发布、技术培训、法律咨询等促进农民工就业的中介服务机构，从而为农民工就业营造良好的发展环境。

## 二、推动产业技术进步，实现农民工高质量就业

根据产业经济学的一般规律，产业技术水平与就业容量、产业结构、就业结构之间具有十分紧密的联系，产业结构升级的过程就是就业规模扩张和就业质量提升的过程。因此，要加快推进产业技术的进步，推动就业结构高级化，从而提升农民工就业的质量和水平。

### （一）加大科学技术创新投入

提升科技创新能力是企业形成核心竞争优势的根本途径。在现代经济条件下，科技创新属于资本密集型和智力密集型活动，加大研发创新投入是推动科技创新和产业技术进步的重要手段。因此，应当进一步加大我国产业技术创新的投入力度，整合产业创新资源，激活产业创新动力，从而推动有利于农民工就业的产业技术创新。

1. 加大产业技术创新的投入力度

现代产业体系的建立和不断完善是技术创新和技术应用的结果，而加大产业技术创新和技术应用的投入是提升产业技术创新能力的重要保障。技术创新除了能够提升劳动生产率、降低工作强度、提高作业安全系数、改善工作环境以外，还能够通过创造新的产业部门、推动新兴产业的发展而增加新的就业机会。尤其是颠覆性、跨越式的技术创新，能够极大地促进产业发展，并为劳动力创造新的就业空间。例如，近年来全球电子信息技术得到快速发展，并催生了信息技术、电子商务、大数据、云计算、人工智能以及庞大的关联产业，为我国产业结构的战略性调整开辟了新的空间。未来，我国应当进一步加大产业技术创新的投入力度，并不断培育壮大战略性新兴产业，为广大农民工创造更多新的高质量就业机会，最终推动我国产业结构的战略性调整。

2. 营造一线工人参与创新的环境

一般而言，技术创新主要包含理论推导、实验室研究和流程改造三种主要途径。而对于前两种途径而言，需要投入大量的资金、耗费较长的时间，而且需要受过专门训练的高素质人才才能完成。而对第三种途径而言，由于广大农民工长期处于制造业生产一线，熟悉企业生产的各个环节和产业技术需求，具有熟练的操作技术，具备对现有生产技术和工艺流程进行改造的基础和能力。但是长期以来，由于广大农民工都是以“打工挣钱”的心态在工

作，过着“上班挣钱，下班回家”的生活，很难有时间和精力去“过问”企业的技术改造，这在很大程度上制约了农民工参与企业技术改造和技术创新。为此，应当激发广大农民工创新创业的活力和动力，为农民工参与技术创新创造条件，支持并鼓励农民工尤其是一线工人参与到企业技术创新和流程改造中，从而促进企业生产效率的提升和产业技术的进步。

3. 推广就业带动效应明显的技术

技术创新是产业转型升级的重要动力源泉之一，但是技术创新往往与劳动就业之间具有负相关的关系。很多时候，技术进步往往扮演着提升自动化、智能化水平的角色，而技术的进步往往意味着对劳动力需求的减少，而且技术进步越快，容易引起的失业情况越严重。以电子产品代工巨头富士康为例，早在 2011 年富士康就开始在部分生产环节引进机器人，主要用于工序简单、工作单调、危险性较强的工作，提高企业的自动化水平和生产效率，并于 2014 年装配 100 万台机械臂，在 5 到 10 年内看到首批完全自动化的工厂，从而很可能给劳动密集型企业造成大量的失业。为此，应当探索建立有利于促进劳动就业的产业技术创新体系，通过加强劳动力密集型领域和环节的技术创新，减轻个人的劳动强度、提升工作安全度和舒适度，从而改善劳动就业的质量和水平。

4. 把握产业结构调整和转移节奏

产业转移、结构调整和产业升级是产业发展的基本规律，也是产业发展到一定阶段的必然趋势。但是，根据产业发展的一般规律，产业转移、结构调整和产业升级往往和劳动力就业之间具有紧密的关系，产业转移和产业升级往往意味着劳动力就业的减少，产业结构调整也会带动就业结构的调整。当前，随着我国劳动力数量和成本、土地价格等因素的变化，许多劳动力密集型制造业已经不具备比较优势，导致部分制造企业开始往更具有比较优势的南亚、东南亚等地区转移，同时广东、浙江等部分沿海省市也通过“腾笼换鸟”战略来实现产业结构的升级，给劳动就业带来了巨大的压力。因此，在这样的背景下，应当把握和控制好产业结构调整和产业转移的节奏，为就业结构的调整赢得时间，从而实现产业升级和劳动就业的双赢。

### （二）推动科技成果产业化应用

一般而言，科学创新涉及基础研究、应用研究和开发研究三个阶段，而开发研究是在前两个阶段完成的基础上，对完成的科技创新成果进行研究、试验、试制，使其能够转化为可以直接应用于生产生活的技术，也就是把科技成果转化为现实生产力的过程，涉及科技成果的应用推广、科技成果的工艺化、科技成果的产品化等内容。推动科技成果的产业化应用，就是通过整合科技、金融、成果孵化等资源，缩短科研成果从实验室到应用环节的时间间隔，扩大科技成果的应用范围和应用领域。

1. 健全农民工服务平台体系

一直以来，高等院校和科研院所具有强大的人才储备、雄厚的科研实力和丰富的科研成果，是我国技术创新的重要组成部分。截至2017年5月31日，我国拥有高等学校数量总共达到2914所，其中普通高等学校2631所，是我国人才培养和科学研究的主力军。在新的历史条件下，如何让高等院校和科研院所的研究成果实现产业化转化，是推动科技成果转化和成果应用的主要内容。为此，要充分发挥大学和科研院所在技术创新和成果转化中的作用，引导、支持和鼓励高校和科研院所建立大学科技园区，搭建联系研究人员与消费者、实验室与生产线、高校与企业的科技中介服务平台，为广大农民工创业提供完善的信息咨询、成果供需对接、人才培训、专利申请、知识产权保护等服务，同时促进大学和科研院所科技成果的转移转化。

2. 建立农民工创新激励机制

一直以来，技术创新属于科学研究的范畴，大部分技术创新成果都由各高等院校、科研院所以及具有研发能力的大中型企业来完成，因此，社会各界都形成了“技术创新是科学家的事”的定式思维，认为技术创新只有科学家才能完成，从而在一定程度上忽略了广大农民工在技术创新、流程改造方面的积极性、主动性和创造性。农民工长期处于生产一线，对产品生产的过程、技术和工艺都比较了解，具有推动产品和技术创新的基础和条件。农民工群体中有许多爱琢磨、善创新的能人异士，只是长期为生计奔波而没有动力和精力去参与企业技术改造和创新，制约了农民工创造性的发挥。为此，应当建立农民工参与企业技术创新、流程改造的激励机制，建立农民工参与技术创新的免责机制，充分调动和发挥广大农民工的创造力和创新精神，为农民工参与技术改造创造有利条件，允许并鼓励农民工参与企业技术创新和流程改造，从而促进企业技术进步和产业转型升级。

3. 鼓励农民工返乡创业就业

广大农民工长期在城市工作和生活，具有一定的资本积累和较丰富的社会阅历，具备了农民工返乡创业就业的基本条件。因此，从某种意义上可以说，农民工是我国广大农民群体中受教育程度相对较高、社会阅历相对丰富、职业技术技能相对较强的群体，鼓励和支持广大农民工返乡创业就业不仅是解决广大农民工就业、提高农民工收入水平的重要途径，而且是缩小城乡差距、东中西差异的有效手段。为此，近年来我国许多省区都出台了鼓励农民工返乡创业就业的政策文件，并在资金、税收、技术、场地等政策方面为农民工返乡创业就业提供大力支持。以河北省为例，河北省人社厅、财政厅专门制定了相关政策，发布《关于公布2018年省级农民工返乡下乡创业园的通知》，确定省级农民工返乡下乡创业园27家，并分别给予50万元奖补资金支持。

4. 打造农民工创业创新园区

农民工创业创新大都缺乏雄厚的资金，过高的房租、水电、网络等基本成本将影响农民工创业初期的生产经营，使得许多创业农民工难以跨越创新的“死亡之谷”。因此，各级政府应当加大农民工创业创新的支持力度，建立农民工创业创新园区，为创业农民工提供精准的支持和服务。在降成本方面，要在税费减免、财政补贴、信贷融资、房租减免等方面给予创业农民工特殊的优惠政策，尽量减轻创业农民工的经济负担。在服务企业方面，要为企业提供政策咨询、信息发布等精准化服务，确保创业企业能够充分享受到党和政府的各项支持政策，并把各项惠企政策落到实处。在能力建设方面，要加强农民工创业的辅导，在市场开拓、产品推广、人才培训、专利保护等方面给予支持，提高企业的竞争能力，提升农民工创业成功的概率。

### （三）加强传统产业转型升级

改革开放以来，我国产业结构发展以出口导向型的制造业为主，具有典型的劳动密集型特征，主要依靠扩大劳动力数量的投入来扩大产值规模，产业发展模式较为粗放，不利于产业的高质量发展和劳动力的高水平就业。为此，应当加大企业引进先进技术投入、加大企业技术改造力度，加强农民工职业技能培训，推动传统产业的转型升级和结构调整，从而提升农民工的就业质量。

1. 支持企业引进先进技术

近年来，随着新一轮科技革命的兴起，许多国家在新一代信息技术、生命科学技术、新材料技术等领域都在不断突破，以移动互联网、智能制造为代表的新商业模式不断出现，而且许多技术已经进入生产领域，成为推动各国产业转型升级的重要动力。长期以来，由于我国企业发展起步较晚，尤其是在基础科学研究领域的重视不够、投入不足，导致所掌握的关键核心技术还比较少，人才资源略显不足，在很大程度上制约了我国产业转型和结构调整。为此，我国应当加大企业对先进技术的引进和技术改造投入力度，尤其是要将技术引进和技术改造相结合，通过利用现代信息技术、智能制造技术、新兴商业模式来带动工艺流程、管理制度的改进，不断提升企业的研发创新能力，从而促进企业生产经营效率的提升，推动传统产业的转型升级。

2. 加大企业技术改造力度

一直以来，受文化程度、技术水平、社会阅历等方面的限制，我国广大农民工群体主要在技术水平较低、劳动强度较大、劳动环境较差的劳动密集型制造业工作。这些低端产业的长期存在，不仅不利于农民工就业环境的改善和待遇水平的提升，而且还制约了我国产业结构的优化升级，因此，加大制造企业技术改造力度对稳步推进产业转型升级、改善农民工就业环境具有十分重要的意义。一方面，要鼓励、支持和引导国内制造企业加大技术改造投入，通过加强技术升级和改造、企业污染治理等措施，稳步推进产业结构转型升级，不断完善农民工的工作环境。另一方面，要通过企业技术改造引导和鼓励农民工加强新技术、新知识的学习，不断掌握更加先进的技术，提升农民工就业的技术含量，从而从根本上改善农民工的待遇水平和企业的生产效率。

3. 加强工人职业技能培训

一直以来，由于广大农民工具有受教育水平低的特点，大都没有经过正规的职业技能培训，使得广大农民工在就业中面临各种障碍，很大程度上成为制约农民工工资福利、社会保障等水平提升的重要因素。为此，通过建立完善的职业技能培训体系，加大产业工人尤其是广大农民工的职业技术培训，可以迅速提升农民工的职业技能水平，从而促进农民工就业能力的提升和制造业的转型升级。一方面，积极推广农民工在职培训。对于受过基础教育的中青年农民工，要通过探索晚间理论授课、车间现场指导的“边干边学”方式，提升农民工的业务理论水平和职业技能水平，为企业技术升级和产业转移做准备。另一方面，大力普及岗前技术培训。对新入职的农民工要加强安全生产、职业风险、职业技能、社会保障等相关知识的岗前培训，并以此作为农民工就业的基本门槛，促进农民工对相关知识和政策的了解，提升农民工的就业水平和就业保障质量。

4. 推动新兴产业发展壮大

随着新的科学技术研究成果的出现和应用以及市场需求的变化，一些新的经济部门和行业也将应运而生，从而出现了一些新兴产业部门。一般而言，新兴产业的出现以及新兴产业规模的发展壮大会对劳动力就业产生重要而深刻的影响，有时会对传统产业产生替代效应，有时会与传统产业形成互补。例如，第二次世界大战结束之后，以电子信息技术为代表的新兴科学技术得到了快速发展，带动了电子信息产业的发展，并为全球创造了大量的就业岗位。为此，在新一轮科技革命和产业变革的背景下，应当充分发挥我国制造业的规模竞争优势和科技创新优势，进一步大力培育以新材料、新能源、新一代信息技术、生物科技、节能环保等为代表的新兴产业，做大新兴产业的产值规模，从而为农民工创造更多就业机会，实现农民工的高质量就业。

## 三、引导产业有序转移，降低对农民工就业的冲击

### （一）积极承接国内外产业转移

目前，尽管我国已经成为全球制造业大国，经济总量水平位居世界第二，但是我国产业结构水平仍然较低，技术创新能力尤其是关键核心技术创新能力较弱，总体产业发展水平距离西方发达国家还有很大的差距。为此，我国应当结合国内产业发展实际和全球产业技术发展趋势，积极引进国内外先进制造技术和新兴产业，补齐我国在技术和产业发展上的短板，从而提升我国产业技术水平和竞争优势。

1. 加强国内外产业转移趋势研判

金融危机以来，全球技术进步和产业转移出现了新的趋势，各国产业发展思路和政策也发生了重大转变。例如，以美国为代表的发达国家在金融危机中已经意识到制造业空心化的问题，开始重新重视制造业和实体经济的发展，提出了“再工业化”战略，通过税收减免等方式鼓励，甚至直接要求海

外的制造业向美国本土回归，从而促进了部分资本密集型和技术密集型制造业向发达国家的回流，实现了全球产业转移趋势的逆转。在这样的背景下，应当加强国内外产业转移趋势的研判，做到未雨绸缪，为我国制定承接产业转移政策和就业保障政策提供支撑。一是要加强对全球产业转移现状的了解，研判国内外产业转移的发展趋势，分析国内外产业转移对劳动力就业产生的影响；二是要结合国内产业发展现状和区域特点，制定承接产业转移的发展规划，为各地区承接海内外产业转移、促进劳动力就业提供指导；三是要分析产业转移对劳动力的需求，以此为依据制定人才培养计划和社会保障政策，以满足产业转移对劳动力就业的需求。

2. 完善承接产业转移的发展环境

近年来，随着全球产业技术的进步，对产业发展所需的配套环境也产生了更高的要求，这就对我国承接海内外产业转移提出了更高的标准。比如，在基础设施建设方面，现代产业的发展已经不只是要求水、电、路、能源等简单的投入，而是对高速网络、现代物流、配套产业、制度环境等方面提出了更高的要求，这就要求我国应当不断完善承接产业转移的发展环境。一是要加强现代网络体系建设，打造高速、泛在、安全的现代互联网体系，为移动互联网、电子商务等产业发展打下良好的基础；二是要加强智慧物流体系建设，促进现代物流要素的融合发展，增加物流规模、提升物流效率、降低物流成本，为产业发展形成高速的物流支持；三是要加强人才供给体系建设，加大职业技术教育投入，引进和培育产学研一体的职业技术人才，为新产业入驻提供丰富而合格的人才支撑。

3. 健全承接产业转移的支撑体系

承接内外产业转移是一个系统工程，而完善的配套支持体系是我国产业不断发展壮大的重要原因，也是我国产业竞争力的重要体现。为此，要提升我国承接国际产业转移的能力，需要不断加强配套支撑体系建设，从而不断提升区域经济综合竞争力和产业吸引力。一是积极培育和壮大中小微企业。以主导产业为支持积极引进和培育一批中小微企业，形成强大的供应链配套能力，为承接产业转移提供支撑。二是建立完善的零部件配套体系。产业发展涉及的领域较广，所需的零部件和原材料较多，这就需要依托完善的物流体系和交易平台提升原材料和零部件的配套供应能力，为产业发展提供强有力的支撑。三是建立强大的信息网络平台。通过电商平台和工业互联网平台，能够及时了解客户的实际需求，组织研发、设计和生产，并快速将所生产的产品推向市场。

## （二）稳步推进国内产业转移

农民工是就业稳定性较差的群体，受产业转移的影响也最大。一旦出现大规模的产业转移或者经济危机，农民工就业就会出现严重问题，从而成为影响社会稳定的重要因素。因此，要确保农民工群体的稳定性和合法权益，最好的办法就是实现产业有计划、有步骤的转移，让农民工的就业相对稳定。

1. 完善欠发达地区的基础设施

完善的基础设施是产业发展和承接产业转移的前提条件，也是我国中西部地区产业发展和承接产业转移的短板。未来要加强中西部欠发达地区的基础设施建设，打造良好的营商环境，提升产业发展的吸引力和竞争力。一是补齐传统基础设施建设短板。加大公路、能源等传统基础设施建设投入，缩短中西部地区与东部沿海地区在基础设施方面的差距，补齐制造业发展的短板；二是加快布局现代基础设施。加强现代物流、信息网络、智能电网等服务与现代产业体系的基础设施建设，提升中西部地区在建设现代产业体系和承接产业转移方面的能力；三是彻底改善营商环境。积极推动中西部地区体制机制改革，提升政府行政服务效率，为民营企业尤其是中小企业发展营造良好的营商环境，更好地承接东部、沿海发达地区以及国外的产业转移。

2. 推动产业在国内的梯度转移

改革开放以来，我国实施了“让一部分地区先富起来”的区域优先发展战略，使得东部沿海地区、中部地区和广大西部地区出现了较为明显的产业梯度，这为我国实现产业梯度转移奠定了基础。劳动密集型产业逐渐由东部沿海地区逐渐向中西部欠发达地区转移，是确保国内就业保持较高水平的重要支撑。东部沿海地区要适度把握产业“腾笼换鸟”的进度，实现产业的平稳有序转移，避免出现农民工就业的大起大落，为社会发展增添不稳定因素。中西部地区应制定科学规划，营造良好的产业发展环境，有序承接东部沿海地区以及国外的产业转移，推动产业结构调整和优化，既要避免出现“民工荒”，也要避免农民工出现大面积失业的状况。尤其是在现有新增劳动力逐年减少的情况下，中西部地区应制定合理的产业发展战略，确定清晰的产业承接重点和层次，设定一定的产业准入门槛，避免盲目大量承接低附加值、低技术含量的劳动密集型或土地密集型产业，从而进一步加剧“民工荒”。

3. 切实推动产业结构优化升级

习近平总书记在党的十九大报告中明确指出，我国经济已经由高速增长向高质量发展转变。在这个阶段，要更多地注重发展的质量，如加大生态环境的保护、提升产业发展的质量、提升资源开发利用的效益。在这个背景下，“绿水青山就是金山银山”的发展理念已经深入人心，已经成为未来产业结构调整和优化升级的方向。要坚决淘汰高污染、高能耗、低附加值的产业，持续推动产业向绿色化、低碳化方向转型，切实提升产业发展的质量和水平，推动产业结构的优化升级。在淘汰落后产能减少部分低端就业的同时，也要积极培育产业发展新动能，推动传统产业的转型升级，从而带动就业结构的升级，确保在产业结构优化升级过程中不出现大的“失业潮”。要顺应经济发展方式转变的趋势，加快以现代物流、科技研发、文化创意、医疗卫生等为代表的现代服务业发展，不断提升劳动就业的质量和水平，促进产业结构的持续优化升级。

## （三）逐步淘汰和化解低端制造业

淘汰和化解低端产能会对经济发展和就业产生一定的影响，如经济增长速度下滑、失业率增加等，从而会导致社会不稳定风险增加。为此，要结合产业发展情况和区域发展实际，把握好产业升级的进度和节奏，逐步淘汰和化解过剩产能，为消化过剩的劳动力留出必要的时间，确保产业结构调整、经济增长和社会就业之间保持平衡，将淘汰和化解低端产能对农民工就业的影响降到最低。

1. 逐步淘汰低端落后过剩产能

要把握产业转移和专业升级的进度，逐步淘汰低端、落后和过剩产能，尽量减缓产业转移对劳动力就业的影响，防止大规模失业情况的出现。借鉴和探索“五个一批”的方式推动产业的疏解和淘汰，从而实现农民工的化解和分离。一是巩固一批。对于部分尚未达到淘汰标准的企业，应当为企业做好管理和服务工作，保障企业的正常运营，并通过加强企业技术改造和升级，提升和重塑企业的竞争优势，巩固和稳定部分员工的就业岗位。二是转移一批。顺应当前产业发展的一般规律，结合产业转移的实际，引导和支持部分农民工随着企业的搬迁而转移到新的地区就业，从而确保部分农民工实现稳定就业。三是转岗一批。对于部分能够适应新技术、新产业发展需求的农民工，积极培育新兴产业，做大产业规模，引导他们转移到新产业和新岗位就业，从而实现劳动力在行业间的转移。四是升级一批。通过加强部分年轻、学历水平较高的劳动力的职业技能培训，提升农民工的职业技术水平，使其符合新产业、新技术发展的需要，从而提升农民工的就业水平。五是保障一批。对部分年龄较大、受教育较少、技术水平较低确实无法实现就业的农民工，要加强社会保障体系建设，通过低保、失业保险等方式加强对这部分农民工的救助力度，防止出现“因失业致贫”的现象。通过“五个一批”促进农民工的就业，确保淘汰低端落后产能的同时不仅不对农民工就业和生活造成影响，而且还要促进农民工的高质量就业。

2. 推动部分制造业向国外转移

产业转移是产业发展的一般规律，推进产业技术的国际合作是整合产业资源、贴近消费市场、塑造产业优势的重要举措。2013 年 9 月和 10 月，习近平主席分别提出建设“新丝绸之路经济带”和“21 世纪海上丝绸之路”的合作倡议，充分依靠中国与有关国家既有的双多边机制，借助既有的、行之有效的区域合作平台，积极发展与沿线国家的经济合作伙伴关系，共同打造政治互信、经济融合、文化包容的利益共同体、命运共同体和责任共同体。目前，“一带一路”倡议的提出与落实为国际产业转移和技术合作搭建了一个平台，对我国产业转移和广大发展中国家的技术进步都具有十分重要的现实意义。未来，我国应当加强与“一带一路”沿线国家的交流合作，发挥各国的比较优势，支持“一带一路”沿线发展中国家加强基础设施建设，提升承接我国产业转移的能力，促进各方产业结构水平的提升，从而为我国农民工创造更多的就业机会。例如，我国可以借助“一带一路”平台，选择技术相对熟练的农民工到国外从事制造和培训等相关工作，带动“一带一路”国家组织能力的提升和产业发展，从而提升国内农民工的就业层次和收入水平。

3. 优化我国制造业全球布局

经过四十年的改革开放，随着制造业规模的逐渐扩大，我国制造业的成本持续上升，在劳动力数量供给、资源储备能力、生态环境容量等方面已经由绝对比较优势转变为相对比较优势，甚至部分领域已经处于比较劣势，这也是近年来许多劳动密集型制造业向南亚、东南亚转移的重要原因。为此，我国应当顺应产业升级和产业转移的趋势，优化产业发展的要素资源配置，推动产业链的全球化布局，在国内重点发展技术研发、品牌运作、标准制定、国际金融等高附加值环节，而将加工制造、成品组装、物流贸易等低附加值的环节向更具有比较优势的发展中国家转移，从而实现产业链在全球范围内的优化配置。未来，我国应通过充分发挥我国的优势，充分利用“一带一路”国际合作平台，加强与“一带一路”沿线各国在产业转移、原材料供给、市场开放等方面的交流与合作，将一些在国内不再具有比较优势而在其他国家仍具有发展潜力的制造企业转移出去，实现我国制造业的全球化布局，提升我国制造业的发展质量和效益。

## 四、推动城市化进程，提升农民工就业生活水平

### （一）改善农民工的就业环境

一直以来，广大农民工由于受知识水平和社会阅历的限制，大都从事劳动密集型制造业和服务业，面临着劳动强度较大、工作环境较差、就业风险较高等一系列问题，而劳动力市场的信息不对称、缺乏技术培训机会、就业渠道和上升空间狭窄是造成农民工在城市工作生活困难的主要原因。因此，应当结合农民工工作生活面临的实际困难，通过建立城乡统一的劳动力市场、加强职业技能培训、营造有利于农民工创业创新的支持环境等手段，不断提升农民工的知识水平和技术水平，从而不断改善农民工的就业环境，最大限度地促进农民工就业，确保经济社会的繁荣稳定与发展。

1. 健全城乡统一的劳务市场

要尽快取消各种针对农民工就业的歧视性规定和不合理的收费制度，稳步提高农民工的收入水平，健全工资支付保障制度，彻底解决拖欠农民工工资问题，夯实农民工进城的经济基础。要消除城乡劳动者就业的身份差异，将城乡劳动力纳入统一的就业管理服务体系，实现城乡劳动力同工同酬同待遇。逐步形成包括就业信息、咨询、职业介绍、安全保障等在内的社会化就业服务网络，逐步实现全国或全省联网，搭建起用人单位、劳动者、职介机构三方信息平台，为社会提供便捷高效的就业信息服务，指导和帮助农民工就业。同时，加强对企业用工的监督，为农民工在城市工作、生活提供法律保障和支持，切实保障农民工的各项合法权益。政府有关部门要加强对企业的用工监督，严格实行《劳动合同法》及相关的带薪休假制度，保障外来民

工休息休假权利，使其有更多时间和精力经营生活，交友恋爱，从而促进农民工更好地融入城市生活和现代文明。

2. 加大农民工技术培训力度

农民工群体的受教育水平、技术水平整体较低，成为影响农民工充分就业、就好业的重要因素，因此加强农民工就业技能培训是促进农民工就业的重要手段之一。要加大对农民工自身文化素质、技术技能、思想道德等方面的培训，加强农民工就业技能培训与辅导，将农民工的学习培训纳入各级政府的战略部署，制定系统的、全方位的农民工学习培训规划，建立统筹的农民工技能提升激励机制，增强农民工学习新知识、增强新本领的积极性，使农民工尽快提高职业技能，提高农民工人力资本的积累。针对新时期农民工文化水平较高但职业技术水平较低的实际，应当不断完善职业技术培训体系，为新生代农民工参加更多的职业技术培训创造条件，不断提升新生代农民工的职业技术水平和业务素质能力。要搞好农民工的基本权益保护，组织法律法规知识、城市生活常识、寻找就业岗位、就业保护等方面的业务培训，提高农民工遵守法律法规和依法维护权益的意识，从根本上提高新生代农民工的文化素质和在城市就业竞争的能力。

3. 千方百计扩大农民工就业

我国是一个人口大国，2017 年底，全国大陆人口总规模达到 139008 万，就业仍然是我国国民经济和社会发展的头等大事。因此，未来相当长一段时期，我国产业发展的重点就是要千方百计地扩大就业规模，尤其是要扩大广大农民工的就业规模，为维护社会稳定、打好扶贫攻坚战做出应有的贡献。要加强产业发展与产业转移的跟踪研究与趋势研判，做好产业转移的规划布局，在推进产业转移和转型升级的同时也要适度扩大劳动密集型产业的规模，重点支持有利于劳动就业的产业发展，不断扩大农民工的就业岗位。要不断培育新的产业发展新动能，积极培育新兴的劳动密集型产业，缓解产业转型升级给社会就业带来的冲击，切实做到产业升级的过程中就业不减少的底线，如近年来兴起的现代物流、餐饮服务等产业，吸纳了大量的劳动力就业。坚持稳定农民工就业规模，扩大农民工就业渠道，完善和落实促进农民工就业的各项资产措施政策，保障城乡劳动者拥有平等的就业权利。加强农民工就业供给与需求的对接，组织开展农民工就业关怀行动、农民工专场招聘会、农民工就业技能培训等就业服务活动，为农民工就业搭建对接平台，促进农民工实现充分就业。

4. 营造创业创新的政策环境

由于广大农民工群体长期在城市工作和生活，眼界和社会阅历有了很大提升，在创业创新方面也积累了一定的基础和条件，因此可以激发和调动广大农民工创业创新的积极性和主动性，支持农民工返乡开展创业创新。2018年，针对农民工创业过程中面临的融资、用地、服务、人才、风险应对等问题，国务院办公厅出台了《关于进一步推进支持农民工等人员返乡下乡创业的意见》，确定了进一步支持农民工、高校毕业生和退役士兵等各类人员返乡下乡创业的措施。下一步，各级政府要在资金、技术、政策等方面加大支持力度，细化和落实好国务院关于支持农民工返乡创业的文件，为农民工返乡创业营造良好的政策环境。在资金方面，针对农民工积蓄较少、创业资金需求不大的特点，应当加强对农民工创业创新的资金支持，如设立农民工创业创新基金、完善小额信贷等，为农民工创业提供充足的资金支持。在技术方面，由于农民工知识水平和文化程度相对较低，应当完善创业创新培训机构设置，加强对农民工创业创新的业务指导和技术支持，提升农民工成功创业的概率。在法规方面，针对农民工普遍法治思维较弱的特点，应当加强农民工创业的法律支持，向广大创业的农民工普及相关法律知识，为农民工提供法律保障服务，切实维护农民工的合法权益，避免因不懂法、不了解规制而影响创业。

### （二）完善农民工社会保障机制

由于城市空间资源和社会资源具有稀缺性，广大农民工难以与城市居民享受同等的教育、医疗、住房、就业、社会保险等各种社会福利，成为农民工在城市工作、生活和发展面临的主要困难和问题，也是农民工融入现代城市生活的主要障碍。要不断完善农民工的医疗、养老、住房、教育等社会保障机制，优化城乡之间、地区之间的教育布局，缩小社会保障方面存在的差距，切实解决农民工的子女教育、住房供给、社会保障等方面的问题，不断完善农民工的社会保障机制。

1. 加快新型城镇化发展进程

加快推进城市化发展进程，形成以大中城市为主、中小城市为辅、城镇为补充的城镇化发展格局，不断提升人口的城镇化率，不断扩大城市和城镇的产业规模，为农民工营造良好的发展空间。加快发展大中城市，培育和发展一批区域性中心城市，不断提高大中城市的辐射效应和带动作用，推动城市产业规模和就业水平的稳步提升，为农民工就业创造更多的城市就业机会。继续深化城乡二元体制改革，加快推进新型城镇化发展进程，提升县城和城镇的公共服务水平，使县城和城镇成为吸纳农民工就业和生活的重要区域，从而彻底改变农民工在城市就业的脆弱性和边缘化地位。积极实施乡村振兴战略，加大对乡镇一级的建设投入，吸引农村人口向乡镇和县城集聚集中，提高土地资源的集约利用水平，为农民工回乡创业就业打下良好的基础。

2. 完善农民工社会保障机制

要加快完善社会保障机制，加大对农民工社保、医疗、失业救济等方面的投入，切实改善农民工在城市的医疗、就业、生活等服务条件，不断提升农民工的社会保障水平，降低农民工在城市医疗支出，满足农民工在城市和城镇工作、生活的基本需求。一方面，加大农民工社会保障投入。要立足新生代农民工的实际情况，有目的、有重点、有计划、有步骤地把农民工纳入到城市社会保障体系的范围，加大农民工养老、失业、工伤等相关社会保障的投入，逐步提高农民工的福利待遇水平。另一方面，推动城乡一体化进程。逐步缩小城乡差距，使广大农民工能够与城市居民平等的享有医疗、养老等各种应有的权益，增进他们向城市社会靠拢、融入现代城市地动机和效率，消除他们在心理上与城市社会的隔离感，提升农民工群体工作和生活的稳定性。

3. 降低农民工城镇住房门槛

农民工市民化过程也是我国城市化发展的重要内容，但是住房成本较高是制约农民工市民化和城市化水平提升的重要因素，因此如果不把新型市民的生存成本降下来，农民工市民化也只能是空谈而已。要推进城市住房制度改革，通过建立多主体供给、多渠道保障、租购并举的住房供应与保障体系，解决广大农民工及其家人的实际住房需求，为稳定就业和融入城市创造基本条件。鼓励和支持用工单位加大职工宿舍建设投入，为农民工提供符合卫生和安全条件的居住场所。鼓励城乡结合部的村集体利用闲置建设用地，建设若干居住小区，向农民工出租，解决农民工的实际住房需求。鼓励有条件的地方，逐步将已在城市稳定就业并居住一定的年限以上，住房困难的农民工家庭纳入政府廉租住房和经济适用房享受范围，多渠道改善农民工居住条件。

4. 加大农民工子女教育投入

当前，随着农民工群体的演化以及农民工收入水平的不断提高，我国农民工进城务工已经不再以赚钱为单一目标。尤其是对于广大新生代农民工，他们在城市工作和生活并非以赚钱为目的，而是要寻求融入城市生活，享受同城市居民一样的教育、医疗、就业等各种社会福利，追求更高品质的生活，其中最大的问题之一就是农民工子女的教育问题。目前，数千万留守儿童的存在，在受教育和成长方面已经出现了许多问题，在很大程度上影响了我国基础教育的公平，使得许多农村的贫困问题出现了代际传递的趋势。农民工子女的受教育权利也是我国基础教育事业发展的重要组成部分，广大农民工在城市工作和生活，为城市建设和城市管理做出了巨大贡献，也做出了巨大牺牲。因此，城市和城镇应当加大对农民工子女教育方面的投入，为农民工子女接受基础教育积极创造条件，充分保障大量农民工子女在城市平等接受义务教育的权利，承担起进城务工农民子女义务教育的责任。未来，应当充分发挥全日制公办中小学接受农民工子女的主渠道作用，保障农民工子女享受义务教育的权利，从而让进城务工农民的下一代提前和城市孩子一样享受到城市教育和城市文明的洗礼，避免贫穷或落后出现“代际传递”。

## （三）推动农民工市民化进程

根据发展经济学的一般规律和城市化发展的经验，随着经济社会的持续发展，越来越多的农村人口将流向城市二三产业，使得农村人口的比重减少而城市的居民比重上升，从而完成农民工的市民化进程，这也是城市化的一般路径。而农民工长期在城市生活，并从事二三产业，具有由农民向市民转化的基本条件。未来要创造条件，改善农民工在城市生活的软环境，积极推动农民工的市民化。

1. 丰富和活跃农民工业余文化生活

通过大量的调查研究发现，能够和城里人一样享受丰富多彩的文化生活，是广大农民工和农村居民对美好生活的期望，也是农民工融入现代城市生活、完成市民化转化的重要标志之一。要鼓励各级地方政府的文化机构和宣传部门加大服务农民工的投入，为包括农民工在内的广大城市居民提供更加丰富多彩的文化产品，一是各级政府部门要在规划、资金、项目等方面给予支持，建设能够满足农民工工作生活需求的民工书屋、健身房、娱乐设施以及开展流动文化服务，为农民工提供更多公共文化活动空间，丰富农民工的业余文化生活；二是社区居委会应当搭建农民工活动平台，在经费、场地、人员、器材等方面对农民工开展的各种有益的文化、体育活动给予支持，活跃农民工的精神文化生活；三是农民工所在企业和单位，也应当加强团队建设，利用工作之余、节庆假日等时间，组织农民工开展投入不多、简便易行、健康而又有吸引力的各种文化体育活动，如举办歌唱比赛、健身比赛、围棋比赛、组织看电影、邀请专家讲座等活动，提升农民工文化生活的质量水平。

2. 促进新生代农民工融入社区生活

不断提升新生代农民工的文化素质和个人修养，使其具有与现代城市居民相匹配的文化水平、法律知识、人文素养以及作为城市居民的责任感和使命感，是农民工融入现代城市生活、成为城市居民的重要标志之一。要完成农民工向市民的转化，是一个长期的系统工程，需要加大在居民素质方面的教育培训投入，通过制度规范、环境影响以及农民工的自我努力，促进农民工群体个人素质的持续提升，让广大农民工自己觉得自己“像个城里人”。各级党委政府要依托现有的农民工聚居区、社区居委会、村委会综合活动室等平台有针对性地开展社会公德、法制宣传、市民素质等教育活动，提升农民工群体的个人素质和能力。积极引导和吸纳广大农民工尤其是新生代农民工参加社区自治组织和各类学习型、服务型、文体型、公益志愿型居民互助性的社区民间组织，使新生代农民工逐步融入社区生活和社区管理。逐步放开农民工进入城市的户口限制，保障在城市居住一定年限的农民工，在城市某些重大问题上具有一定的发言权，能够参与到城市重大决策中。

3. 营造农民工融入城市的社会氛围

农民工融入城市成为市民，还有一个重要关口就是城市的热情接纳以及由此而导致的农民工心理上的认同。各级地方政府要加大农民工市民化的宣传力度，为农民工尤其是新生代农民工融入城市生活创造良好的社会舆论氛围。要加大新生代农民工参与城市建设和管理的宣传力度，营造他们融入城市是社会发展大趋势的社会氛围，让他们感觉到自己也是城市的建设者，更是城市的主人。要进一步加强社会平等观念的宣传教育，保障农民工在社会保障、子女教育、医疗等方面的各项合法权益得到落实，促进农民工在工作、生活和意识上能够与城市居民保持一致。对广大农民工而言，要创造机会引导新生代农民工与城市居民相互沟通、消除隔阂、和谐共处，为农民工融入城市生活营造包容、开放的工作生活氛围。对城市居民而言，要引导市民调整心态，积极主动地与新生代农民工进行社会交往和人际互动，将农民工视为享有同等社会权利的成员，帮助他们培养城市文明所需的现代思维和意识，构建起社会支持网络，从而增强新生代农民工对城市的认同和归属感。

4. 逐步消除城乡居民间的差别待遇

改革开放以来形成并不断加剧的二元经济结构，使得我国广大农村居民与城市居民在就业、医疗、教育、社会保障等方面面临着巨大的差异，导致实现农民工的市民化成为许多农民工和农村居民难以逾越的鸿沟。城乡二元结构是我国经济发展过程中形成的社会现实，要消除城乡居民之间的差异，推动农民工的市民化是一项复杂的系统工程，涉及户籍制度、住房制度、公共服务等方面的改革，需要有步骤、分阶段地稳妥实施。一是加大农村地区教育、医疗、社会保障等方面的资金投入，逐步消除城乡之间、区域之间的差异，消除制约农民市民化的障碍，为促进农民工市民化创造条件。二是要加快城市住房制度改革，把建设过渡房源与鼓励有条件的农民工拥有房产相结合，不断增加城市住房的供给，为稳定就业的农民工融入城市创造基本条件。三是加快推进户籍制度改革，逐步将户籍制度与教育、医疗、社会保障等相关内容脱钩，为农民工在城镇落户定居迈开实质性步伐，推动农民工稳妥、稳步实现市民化。

# 参考文献


［1］王莉娟、崔文静，承接产业转移下的河北省飞地研究［J］，科技经济市场，2018，（8）：46–47

［2］尚利娜、郭丽娟，农民工融城的影响因素与市民化路径［J］，安徽农业科学，2014，（34）：12320–12321，12324

［3］李存芳、张晓旭、王梅玲、杜沈悦、王维，东部资源枯竭型企业何以转向中西部？——基于系统耦合的视角［J］，资源开发与市场，2018，34（9）：1276–1281

［4］朱力，论农民工阶层的城市适应［J］，江海学刊，2002，（6）：82–88

［5］范帅邦，跨区域合作发展研究——以上海大连对口合作为例［J］，辽宁经济，2018，（8）：30–31

［6］刘传江、徐建玲，第二代农民工及其市民化研究［J］，中国人口·资源与环境，2007，（1）：6–10

［7］徐明、刘金山，省际对口支援如何影响受援地区经济绩效——兼论经济增长与城乡收入趋同的多重中介效应［J］，经济科学，2018，（4）：75–88

［8］黄泽颖，进城农民工生存状况与意愿的研究——以广州番禺区为例［J］，安徽农业科学，2013，41（19）：8384–8385，8410

［9］邹筱、付亚洲，湖南省产业结构与就业结构的灰色关联度实证分析［J］，吉林工商学院学报，2018，（4）：12–16

［10］宗成峰、朱启臻，农民工生存状况实证分析——对南昌市897位样本农民工的调查与分析［J］，2007，（1）：47–52

［11］李高，广州农民工生存状态及社会保障问题的研究［J］，2011，（3）：35–37.

［12］刘满凤、李昕耀，产业转移对地方环境规制影响的理论模型和经验验证——基于我国产业转移的实证检验［J］，管理评论，2018，30（8）：32–40

［13］《我国农民工工作十二五发展规划纲要研究》课题组，中国农民工供给态势与十二五时期走向［J］，2010，（9）：5–14

［14］蔡昉，农业劳动力转移潜力耗尽了吗？［J］，中国农村经济，2018，（9）：2–13

［15］李定佳、张燕平，贵阳市农民工生存状况实证调查分析［J］，贵州经济研究，2005（5）：66–70

［16］董延芳、罗长福、付明辉，加班或不加班：农民工的选择还是别无选择？［J］农业经济问题，2018，（8）：116–127

［17］王屿、梁平、刘肇军，人口老龄化对我国产业结构升级的影响效应分析［J］，华东经济管理，2018，32（10）：99–106
［18］张驰，促进京津冀协调发展的税收政策——以生产要素为视角［J］，现代商贸工业，2018，（29）：132–134
［19］陈光、杜辉，河南省农村劳动力转移对农业生产的影响分析［J］，现代商贸工业，2018，（29）：63–64
［20］何颖，城乡劳动力转移的演进历程、规律及动力机制［J］，柳州职业技术学院学报，2018，18（4）：6–12，40
［21］李培林，中国进城农民工的经济社会分析［M］，北京：社会科学文献出版社，2004
［22］樊小钢，论城市农民工的社会保障问题［J］，农业经济问题，2003，（11）：14–18
［23］杨端，农民工社会保障缺失的原因分析［J］，中国劳动，2004，（6）：15–16
［24］吴迪，上海市外来流动人口社区卫生服务现状分析与对策研究［D］，上海工程技术大学，2013
［25］丁记峰，农民工养老保险现状分析及对策研究［D］，华中农业大学，2011
［26］秦雷，当前我国社会保障问题研究综述［J］，探索，2005：（2）：89–93
［27］杜丽红，中国城市流动人口管理问题研究［D］，西南财经大学，2007
［28］梁海兵，农民工城市就业：搜寻渠道与匹配路径［D］，浙江大学，2015
［29］吴静艳，我国建立统一劳动力市场的制度障碍研究［D］，同济大学文法学院，2005
［30］国家统计局，《2017 年农民工监测调查报告》，2018 年 4 月 27 日
［31］陈世伟，和谐社会背景下农民工的社会适应问题研究，重庆工商大学学报，2007，（6）：9–13
［32］河北省科技厅，河北省科技厅发布 2017 年河北省科学技术成果统计公报，2018 年
［33］河北省统计局、国家统计局河北调查总队，河北省 2017 年国民经济和社会发展统计公报，2018 年 3 月
［34］全国妇联，中国农村留守儿童数量超 6000 万，新华网，2013 年 05 月 10 日
［35］中国发展研究基金会，《中国城市群一体化报告》，2019
［36］城市生活成本上升是农民工工资上涨主因，第一财经，18–01–10

图书在版编目（CIP）数据

新时代产业转移、技术进步、城市化与促进农民工就业／汪存华等著．--北京：经济日报出版社，2020.4

ISBN 978-7-5196-0671-8

Ⅰ.①新… Ⅱ.①汪… Ⅲ.①产业转移-影响-民工-劳动就业-研究-中国②技术进步-影响-民工-劳动就业-研究-中国③城市化-影响-民工-劳动就业-研究-中国 Ⅳ.①D669.2

中国版本图书馆 CIP 数据核字（2020）第 068655 号

**新时代产业转移、技术进步、城市化与促进农民工就业**

| | |
|---|---|
| 作　　者 | 汪存华　等 |
| 责任编辑 | 温　海 |
| 责任校对 | 薛银涛 |
| 出版发行 | 经济日报出版社 |
| 地　　址 | 北京市西城区白纸坊东街 2 号 A 座综合楼 710（邮政编码：100054） |
| 电　　话 | 010-63567684（总编室） |
| | 010-63584556（财经编辑部） |
| | 010-63567687（企业与企业家史编辑部） |
| | 010-63567683（经济与管理学术编辑部） |
| | 010-63538621　63567692（发行部） |
| 网　　址 | www.edpbook.com.cn |
| E-mail | edpbook@126.com |
| 经　　销 | 全国新华书店 |
| 印　　刷 | 北京建宏印刷有限公司 |
| 开　　本 | 710×1000 mm　1/16 |
| 印　　张 | 12 |
| 字　　数 | 188 千字 |
| 版　　次 | 2020 年 4 月第 1 版 |
| 印　　次 | 2020 年 4 月第 1 次印刷 |
| 书　　号 | ISBN 978-7-5196-0671-8 |
| 定　　价 | 42.00 元 |